MARLEEN PETRÉ

KUNSTTRANEN

novum ◢ pro

Dit boek is ook als
e-book
verkrijgbaar.

www.novumpublishing.nl

© 2023 novum publishing

ISBN 978-3-99146-300-9
Geredigeerd door: Ine van Gerwe
Omslagfotos: Epic11, Past4pics,
Benzoix I Dreamstime.com
Ontwerp omslag, lay-out & typografie:
novum publishing

www.novumpublishing.nl

Climate neutral
Print product
ClimatePartner.com/16547-2201-1002

INHOUD

DISCLAIMER

De adviezen en recepten in dit boek kunnen nooit een alternatief zijn voor een deskundig medisch oordeel. Alle beweringen in dit boek vallen daarom buiten enige waarborg of garantie van de kant van uitgever of auteur. Elke aansprakelijkheid van de auteur of de uitgever en zijn medewerkers voor persoonlijke, zakelijke of financiële schade is dan ook uitgesloten. Ter bescherming van personen zijn namen, beschrijvingen en plaatsen deels veranderd, en handelingen, gebeurtenissen en situaties hier en daar aangepast.

OPGEDRAGEN AAN

Opgedragen aan de menselijkste mens die ik heb gekend:

Francis.

Dinsdag, 19 april 2022.

„Bollie!?

Het schijnt dat ik dood ga.
Wie denkt daar nu aan ..."

Nog slechts 40 kg mens,
keek me aan,
met grote ogen,
wachtend op een ontkrachting,
van het besef,
dat zojuist,
tot hem was doorgedrongen.

Helaas
bleef er niets anders over,
te bevestigen,
wat ik reeds lang wist.

DEEL 1

Juni 2019, Kreta

Op het meest zuidelijke Griekse eiland, Kreta, kochten Julia en Louis tussen de bergen van het Lassithi-plateau in 2013 een kleine ruïne. Geen elektriciteit, geen stromend water. Het huis stond vijfentwintig jaar leeg en was honderdvijftig jaar oud. Als rotsblokken konden spreken, zag de geschiedenis er waarschijnlijk anders uit.
In 2015 verbleven ze gedurende één jaar op het eiland om de ruïne, gedeeltelijk eigenhandig, te renoveren. Het beste jaar van hun leven.
Louis kreeg van de dorpelingen de eretitel ,maestera'.
Werkelijk alles kon hij zelf. Alleen de renovatie van het dak besteedde hij uit.

De zomer van 2019.

Twee dagen na aankomst in hun ondertussen bewoonbare huis, toch als men niet te veel eisen stelde, rinkelt de telefoon.
Het is Eric, Louis' broer.
Maurice is gestorven. Na Louis, de oudste van de vier broers.
Uitgezaaide longkanker, 61 jaar.
Eén jaar en vier maanden na hun moeder, acute leukemie, 83 jaar.
Even is het stiller dan de normale stilte in het halfverlaten dorp.
Eric zal alles wel regelen. Ze hoeven niet terug te vliegen.

Ting, ting, ting. Ting, ting, ting ...

De klok luidt om de gelovige orthodoxe Grieken naar de kerk te lokken.

Tijd om iets te gaan drinken in het plaatselijke én enige kafenion van het dorp.

Bij Dimitri en Kostas.
Pen en papier mee om de conversaties in het lokale dialect aan te vullen met visualisaties. Een woordenboek voor wie kan lezen. Iedereen kent hen daar. De twee Belgen die alles zelf doen. Soms voert Louis kleine herstellingen uit voor de zwarte weduwen in het dorp. In ruil hiervoor krijgen ze eten en drank. Ze zijn volledig aanvaard. Als ze vervoer nodig hebben, staan er vijf pick-ups klaar op een rij; om de eer op te strijken, om de Belgen te helpen. Wanneer Louis en Julia niet bezig zijn met verbouwen, trekken ze de bergen in. Altijd zonder wandelkaart. Indien ze halfweg voor zonsondergang geen neerwaarts pad terugvinden, keren ze op hun schreden terug.
Steenarenden en gieren cirkelen boven hun hoofd.

Sinds 2018 hebben ze een buurman op hun voormalig verlaten pleintje.

Petros.
Afkomstig van het vasteland, Thessaloniki. Gevlucht voor zijn verleden.
Met zijn drieën trekken zij soms naar de bewoonde wereld, vijftien kilometer verderop, Malia.
Naar kameraad-cafébaas Michaelis. Fervent aanhanger van Che Guevara.
‚The alcoholic church' – Epsilonbar luidt de volledige naam van zijn zaak. Gezond voor de geest, minder voor het lichaam.
Wil men er nuchter buitenkomen, dan moet men er niet binnengaan. Volgens Petros zijn Julia en Louis ,very good players'. Vrij vertaald: ze kunnen meer drinken dan de Grieken.
Toch bereiken ze altijd hun voordeur.
De vriendschap met Petros is vanaf de eerste minuut ongedwongen en vol vertrouwen.

Alsof ze elkaar al jaren kennen. Ook hij is een verbouwer van een vergaan huis, grenzend aan dat van de Belgen. Ze wisselen hun kennis en gereedschap uit. Kortom, het is fantastisch. Tijdloos.

Na twee weken verbouwen, drinken, wandelen ... brengt het vliegtuig hen terug naar België.

Realiteit.

Julia gaat onmiddellijk terug aan de slag. 's Avonds in het restaurant, als chef-kok, 's morgens als souschef, in een woonzorgcentrum. Louis neemt contact op met de resterende broers en zus. De nalatenschap van Maurice.
Het leven gaat voort.

De derde week van juli 2019.

Julia en Louis liggen in bed.
Julia's hand rust op Louis' hals. Ze voelt iets hards.
„Wat is dit?" vraagt ze aan Louis.
„Ik weet het niet, maar het zit er al twee maanden en het groeit."
Aangespoord door zijn vrouw besluit Louis een dokter te consulteren.
Welke? Hij is nooit ziek. Ze hebben geen huisarts.

Toen hij nog als burgerlijk ingenieur actief was, had hij soms medicatie nodig voor zijn intercontinentale reizen. Hij beslist dr. Roland Van Steenbergen te contacteren.
Een vroegere klasgenoot. De eeuwige tweede, zo noemt Louis hem. Hij was zelf altijd de eerste.
De afspraak wordt gemaakt, zaterdagvoormiddag, zo snel mogelijk.
In het kabinet van de dokter staat een buffetpiano. Roland speelt Yesterday van de Beatles. Ze halen herinneringen op uit hun jeugdjaren. Alles bij elkaar een gezellig weerzien.
Daarnaast neemt hij een bloedstaal af. Ook maken ze een afspraak, met het ziekenhuis, voor een echografie.

Bloedanalyse: Albumine te laag, CRP te hoog …

Ontstekingen.

Echografie: ondefinieerbare nodulaire tumorale massa, links hals.

Om zijn angst te onderdrukken, spreekt Louis af met neef Gerard in café Bolin op de Grote Markt.
Julia werkt tot 23 uur in het restaurant. Bij haar voordeur treft ze het huis verlaten aan.
Op zich niets vreemd. Ze stuurt verschillende berichten naar Louis, maar hij antwoordt niet. Waarschijnlijk een Duvel te veel, het komt wel in orde.

Voorbij middernacht hoort ze de voordeur opengaan. Louis staat in de deuropening.
„Niet goed," kraamt hij uit.
Vervolgens vertelt hij wat hij zich herinnert. Uitbater René had hem recht geholpen en weer in een stoel gezet. Twee glazen water later was hij terug bij zijn positieven. Blijkbaar was Louis bewusteloos geraakt en van zijn stoel gevallen, buiten op het terras. Misschien had hij te weinig gegeten? Neef Gerard was al vertrokken. René stelde hem voor een taxi te bellen. Louis bedankte hiervoor en sleept zichzelf moeizaam huiswaarts.

De alarmerende resultaten van de bloeduitslag, de echografie, het voorval in de bar.
Het gonst in hun hoofd.
Elk apart. Stilzwijgend zitten ze tegenover elkaar aan tafel.

Dr. Roland Van Steenbergen neemt contact op met het ziekenhuis. Hij regelt afspraken voor verder onderzoek betreffende Louis' hals. MRI-scan, CT-scan, biopsie.
Wachten tot eind oktober. Geen probleem, er is niets dringend.

Op een dag informeert Julia's baas hoe het met Louis is. Ze hadden hem al lang niet gezien. Vroeger kwam hij wekelijks langs. Ofwel om iets te drinken, ofwel om een herstelling uit te voeren.

„Ik weet het niet."

Ze vertelt hem over de ontdekking.

Stilte. Haar baas probeert haar gerust te stellen. Zijn oom had ook een gezwel op de achterkant van zijn rug; dat hebben ze gewoon weggesneden.

Julia trekt zich terug boven de snijmachine. Tranen druppelen over het ronddraaiende mes.

De service gaat door.

September 2019

Nog een kort verblijf op Kreta. Ze maken het huis winterklaar. Niet slechts één winter zal snel blijken. De sfeer is dubbel.

Wolken trekken samen boven het dorp. Een spectaculair onweer barst los, wegen spoelen weg, de stroom valt uit. Normaal weer voor september.

Ze nemen afscheid van Petros, Michaelis ... Tot volgend jaar!

Oktober 2019

Julia verandert van werk. Betere uren, beter loon. Op dag vijf van haar nieuwe baan komt Louis langs. Rechtstreeks na zijn consult met de oncoloog. Het is vrij druk. Hij vertrekt zonder iets te zeggen. „Tot vanavond." Een afwezige blik ligt in zijn ogen. Julia is ongerust.

's Avonds thuis opent ze de voordeur. Louis zit aan tafel te lezen. Op de achtergrond weerklinken de tonen van Pink Floyd, Time.

Ze begroeten elkaar. Julia zet zich en wacht af.

„Het is kanker."

Kort en krachtig.
De volgende, alstublieft.

„Primaire oro-faryngale tumor met kliermetastasering en kapseldoorbraak (cT2/3N3b). FNAC klierpakket bevestigd maligne lokalisatie plaveiselcelcarcinoom (p16 negatief).

„Initieel voorstel tot concomitante chemoradiotherapie wordt geweigerd door patiënt."

Ook dit is Nederlands.

Het contact tussen dr. Vellemans H. en Louis verliep niet positief. Julia was daar niet aanwezig.
Louis vroeg bedenktijd aan deze oncoloog.
Zijn antwoord luidde: „Denkt u dat u de enige bent met kanker?"
Dat dacht hij niet. Vermits hij de vijfde van de familie was die het lot getrokken had.
Gezien de vorige vier het ziekenhuis niet levend hadden verlaten, plus het aanlokkelijke voorstel om onmiddellijk zijn resterende tanden te laten trekken, vlucht Louis naar de uitgang.
Louis zelf is ook niet altijd even tactvol, dat zal niemand ontkennen.
In combinatie met een gelijkaardige arts kan dit nefast zijn.

Louis stopt met roken en mindert sterk zijn alcoholinname. Hij zal het zelf wel oplossen. Kanker.
Die week bestelt hij twee nieuwe monturen bij de opticien. Kwestie van een klare kijk op de zaak te krijgen. Misschien.
Er rest Julia voorlopig niets anders dan hem te volgen, uit respect voor zijn beslissing.

Op haar nieuwe werk leert ze Tine kennen. 40 Jaar, zij herstelt van baarmoederhalskanker.
Een verhaal over wietdruppels komt boven water. Als aanvullend middel bij conventionele therapie.

November 2019

Louis spreekt af met dr. Van Steenbergen om maandelijks bloed
af te nemen. Zo kunnen ze de cruciale waarden volgen.
Het wordt er uiteraard niet beter op.
Dr. Vellemans smeekt dr. Van Steenbergen Louis terug te sturen
naar het ziekenhuis. Deze weigert koppig.
Louis, een gemeten IQ van 145, vergeet zijn analytische geest
en stort zich op de wietdruppels. Een vijftigtal andere planten
komen in vaste of vloeibare vorm in de koelkast terecht.
Vanaf november vormen deze het nieuwe hoopgevende voedings-
patroon van Louis overgoten met een saus van zijn onstuitbare,
krachtige en dominante geest. Elke dag overtuigt hij zichzelf
ervan dat ,het' bijna onder controle is.

Pijn ervaart hij niet. Tot zover werkt het wel: 50 euro, 10 ml,
per post.

December 2019

Zijn maandelijks bloed wordt afgetapt.
Aan de andere kant van de wereld worden een paar Chinezen
ziek. Héél ziek.

Louis voelt zich niet slecht. In december trekken ze altijd een
weekend naar Maastricht. Zo ook dit jaar. Live jazzmuziek, het
natuurhistorisch museum, hun vertrouwde cafés, restaurants …
Alles verloopt naar gewoonte, aangenaam, behalve dat de verwarming in het hotel stuk is.

De feestdagen kondigen zich aan. Verplichte familiebezoeken,
elk jaar minder.
Schoonmoeder heeft al een Duvel in de hand, waarop Louis
zegt: „Voor mij niet, liever een groentesapje. Julia zal het bier
wel drinken."

Niemand stelt zich vragen. Het is Louis. Als híj niet weet wat hij doet, weet niemand het. Wat dikwijls waar is, maar niet altijd.

Intussen zit zijn tumor zichtbaar mee aan de feestdis. Smakelijk.

Januari 2020

Eindelijk vindt Julia een baan vlak bij huis. Anderhalf jaar geleden hadden ze een arbeiderswoning gekocht. Mits enige renovatie: perfect en goedkoop.
In haar eerste werkweek wordt ze omvergereden en vliegt ze met haar scooter door de lucht.
Volledig in haar recht. Verzekeringsformulieren worden ingevuld door de tegenpartij, ,de autorijschool'. Zelf kan ze niet meer schrijven, want haar volle gewicht was neergekomen op haar rechterelleboog.
Ze brengt Louis op de hoogte. Deze komt te voet af en brengt de scooter met gebroken voorvork en een geblokkeerd stuur al rijdend – tegen vijf kilometer per uur – naar huis. Daarna verwittigt ze haar werk dat ze wat later zal zijn. Haar chef haalt haar op met de wagen. Julia gaat gewoon werken: schrijven en vlees bakken zijn verschillenden dingen. Het zal wel gaan, een zak ijs er rond binden en voort. Tegen vijf uur 's avonds is haar arm tweemaal zo dik als normaal en paarsblauw van de bloeduitstortingen.
Haar bazin komt binnen, steekt haar onmiddellijk in de wagen, naar haar eigen huisdokter dan maar. Want Julia heeft geen huisarts meer; de laatste twee waren gestorven.
Kleine aanpassing van het tijdstip (voor de verzekering), vier dagen ziekteverlof en foto's laten nemen, verplicht. De dag nadien voelt Julia zich alsof ze uit een boksring is gegooid.
Dit gaat over.

Eind januari brengen ze hun maandelijks bezoek aan Julia's grootmoeder.

94 Jaar, al zes jaar in een woonzorgcentrum.

Ze adoreert Louis als een god. „Hij heeft gouden handen," zegt ze altijd. Oud, maar niet dom.

„Louis, is er iets? Waarom drink je rode wijn en geen Duvel?"

„Ik neem medicijnen, dat mag ik niet combineren met Duvel," probeert hij haar om de tuin te leiden.

„Ge hebt een bult ...?"

Louis negeert de opmerking en duwt haar rolstoel voor zich uit.

Nog steeds zegt hij niets, tegen niemand.

In februari komt een firma nieuwe ramen plaatsen in hun voorgevel. Dat doet hij in België niet zelf.

Louis begint zich toch minder sterk te voelen en met alle ramen eruit is het aardig koud.

Een week later brengt hij weer een bezoek aan zijn huisarts.

Nog wat bloed, nog wat piano.

Begin maart wil Louis naar Sluis, misschien hebben ze daar straffer spul. In een speciaalzaak, met meer planten, schaft hij zich een nieuwe mix aan van druppeltjes. Zelfs de uitbater bekijkt hem vol verbazing als Louis hem meedeelt dat hij geen conventionele therapie volgt. Deze verklaart hem nadrukkelijk dat het geen goed plan is.

Louis legt het advies naast zich neer, ze keren terug naar België.

Op 9 maart vieren ze de verjaardag van een bevriende tweeling. Louis drinkt de ganse avond verse muntthee en houdt zich afzijdig van de andere aanwezigen. Even later blijkt dat dit geen slecht idee was.

Niet alleen de Chinezen zijn ziek, maar in de hele wereld vallen de mensen neer op straat.

Vrijdag, 13 maart 2020

De geschiedenis herhaalt zich. De pandemie is officieel; een zeker griepvirus. Dodelijk.

De wereld moet op slot. Julia is technisch werkloos. In zekere zin prachtig. Nu heeft ze alle tijd om de meest waanzinnige brouwsels en gerechten bijeen te denken voor Louis.

Of om hem psychologisch te bewerken, voor zover dit mogelijk is.

De openbare parken zijn nog open. Het is stralend weer. Door een verlaten stad wandelen ze naar de kruidtuin. De blauwe regen staat in bloei, in de tropische serre wuiven de kleurrijke paradijsvogelbloemen hen toe, de schildpadden zitten bevroren op hun stenen.

Alles lijkt hetzelfde, niets is minder waar.

's Avonds trekt Julia zich terug in haar privékeuken. Als een druïde begint ze aan een magische bereiding, niet te verwarren met een magistrale bereiding.

Shimey wit (Oosterse zwammen, geen bier), sojascheuten, paksoi, appel, paprikapoeder, rozijnen, rode ui, look, kurkuma, komijn, kaneel, ei, kruidnagel, kardemom, zwarte peper, olijfolie, zwart komijnzaad, lijnzaad, kokosmelk ...

Op een zacht vuurtje laten pruttelen, een bezwerende formule uitspreken en verder veel hoop koesteren.

Slecht smaakt het niet.

April 2020

Louis trekt naar zijn maandelijkse bloedafname, Julia blijft thuis.
Corona zit voor de deur.

Via mail worden ze op de hoogte gebracht dat alle buitenlandse
vluchten voorlopig geannuleerd zijn. Ook hun vlucht van 15 april.

Enkele dagen later wandelen ze samen buiten rond, dat kan
en mag, zolang men maar niet stil blijft staan. Ze passeren het
woonzorgcentrum waar Julia vroeger werkte. Het raam langs
de straatkant staat open; het bureel van het dagelijks bestuur.
Julia voert een gesprek, op redelijke afstand. Indien ze hulp
kunnen gebruiken, ze is thuis. Het beeld ziet er niet rooskleurig
uit. Geen mondmaskers, geen alcoholgel, te weinig van alles ...
En iedereen zit gewoon samen in de eetzaal?
Inge zal haar zondag contacteren na de evaluatie van de eerste
testuitslagen. Zover komt het niet. Vijfenzeventig procent van
de bewoners en het personeel is besmet. Het leger neemt over.

Ze blijft bij Louis. Tijd genoeg om plafonds en muren te schilderen. Gelukkig kunnen ze buiten zitten op het terras. Uiterst
zonnig weer voor april. Louis' tumor geniet van zijn laatste
zonnestralen.
Begin mei 2020.
Louis begeeft zich nogmaals naar de huisarts.

Julia ademt de krachtige dampen in die opstijgen uit de borre-
lende ketel op het vuur.

Rundlever, kweeperengelei, koriander, zwarte peper, aardbei,
oesterzwam, carob-siroop ...

5 mei 2020

Louis' huid in zijn hals begeeft het, de rek is eruit. De uittocht uit Egypte kan beginnen, Ebers papyrus. ,Bile, gland, decay ...' Louis creëert samen met Julia een zalf naar een oud Egyptisch recept.
Als basis kiest hij uierzalf, daaraan voegt hij volgende ingrediënten toe: de buitenste schil van rode ui (antiviraal, antibacterieel), dadelwijn, komijn (antiseptisch), zout, gist, kikkererwtenbloem, acacia-honing, granaatappel, olijfolie extra-virgine, kurkuma, kaneel, saffraan, geperste look (penicilline van het front), infuus van kamillebloemen.

De geur is vrij aangenaam; daar houdt het op.

Saffraan premium kwaliteit > 250 crocine-inhoud, maximum 1,5 g / dag oraal, gevaar voor bloedingen en toxisch, dodelijk.

Louis krijgt telefoon.
Er wordt hem gevraagd om een technische herstelling te doen in Brussel, ,koeling'. Hij gaat.
Eerst verzoekt hij Julia of ze zalf op zijn bult wil smeren, met een houten spatel, kompressen ertegen, een windel eromheen. Alles is in orde.

Off the record: dit is geen conventionele wondzorg, probeer dit niet thuis.

's Avonds brengen ze hem terug. Doodmoe.

Vermits Louis zijn tumor alleen voelt, maar niet ziet, vraagt hij van nu af aan elke dag een foto van zijn gezwel te nemen. Zodoende kan hij de evolutie volgen.
Elke dag neemt Julia een close-up van Louis' opengebarsten halstumor.

Van een ziekenhuis wil hij niet weten.
Hij blijft thuis.

Juni 2020

De media kondigen de heropening aan van de wereld.
Julia's werkgeefster zit in financiële problemen, de vaste contracten worden voorlopig niet verlengd. De zaak zal verder draaien op flexi-jobs en extra's.
Twee dagen later heeft Julia ander werk. Lang leve de knelpuntberoepen. Ze ging niet wachten op financiële middelen, de toekomst is te onvoorspelbaar. Hierdoor komt ze in het middelpunt terecht van alle ziekenhuizen, die weldra een rol zullen spelen in Louis' leven.

Alles heeft een voordeel.

Op 9 juni laat Louis nogmaals bloed afnemen.

De progressie van zijn tumor gaat snel. Louis weigert zijn huisdokter ernaar te laten kijken.
De man is wanhopig. Julia ook. Bij deze visite is ze aanwezig.
Louis kan geen straat te voet meer af leggen zonder te rusten.
In het kabinet van de dokter bevindt hij zich tussen de dokter en Julia in. Ze kijkt hem met stalen ogen aan. Dit is zijn laatste optreden als Louis' huisarts.
Hij blijft de eeuwige tweede.

Elke avond neemt Julia een foto en start ze haar eerste logboek over Louis' voedselinname. Die daalt spoedig zienderogen.

Naast deze randverschijnselen begint Julia met een nieuw team aan de heropstart van de horeca.
Besparingen. De rode draad die door de zaak loopt, naast de pijlen op de vloer die het virus moet volgen. De hoogste kwaliteit wordt verwacht met de minste financiële uitgaven. Dit is

letterlijk werken tegen de klok. Geen probleem, de batterijen van de uurwerken vervangen ze niet meer, dan hoeft men de minuten al niet meer te tellen.
Voor veel is er een oplossing.
Trouwfeesten aan de lopende band, personeelsrecepties, alles moet ingehaald worden, zo snel mogelijk, voor de winter.
Communiefeesten in oktober.

's Nachts speciale brouwsels maken voor Louis die er meer als een ingevallen pudding begint uit te zien. Meer en meer wietdruppels tegen de pijn, zijn kaakbeen zit geblokkeerd.
Het bloed en het lymfevocht sijpelen de ganse dag uit zijn open tumorwonde. Zijn gewicht gaat pijlsnel naar beneden.
Toch, op pure wilskracht, stemt hij toe een elektriciteitsbord te installeren. Walter komt hem thuis ophalen. Julia opent de deur. Ze kijkt hem zwijgend aan. De stilte spreekt boekdelen.
Ze beveelt Walter om hem geen seconde alleen te laten en hij moet drinken. Water wel te verstaan.
Ter plekke zet Louis zich neer op de trap. Hij weigert, het is te gevaarlijk in zijn conditie.

Iedereen ziet het. Iedereen zegt het.

Louis zwijgt.

Julia's eerste grens is bereikt. Ze stapt erover en handelt. Rukt de voordeur open, stapt naar de buurvrouw die nooit een eigen idee heeft, maar altijd de woorden verkondigt van haar goede vriend, ‚meneer docteur'.
Julia belt aan. De buurvrouw doet open.
„Die dokter waar je altijd over spreekt, bestaat die echt?" vraagt ze haar op gebiedende toon.
„Ja," antwoordt deze.
„Stuur hem naar hiernaast, zodra je hem ziet, vandaag."

Het is gedaan met tegenspraak. Voor iedereen. Ook voor Louis.

Julia's leger neemt over. De troepen samenstellen en een strategie uitwerken.

17 uur. Er wordt op de voordeur geklopt.

Julia opent de deur.

Een onbekende, grijsharige man op leeftijd staat in de deuropening. Volgens Julia lijkt hij op een dokter. Ze sleurt hem binnen en zet hem op een stoel tegenover Louis.
„Praten, nu!"
Echt sympathiek is haar eerste indruk waarschijnlijk niet.
Wonderbaarlijk luistert Louis.
Eindelijk. De laatste woorden van dokter Dirk maken indruk.
„Uw huis staat niet in brand, maar uw living wel. Vuur verspreidt zich snel. Hier zou ik geen vier weken mee wachten. Ik zal een afspraak maken met ‚spoedgevallen'. Als je er klaar voor bent, ga je gewoon via de ingang van spoed binnen."
Spoedgevallen en een afspraak bestaan niet.
De psychologische val had gewerkt.

Zondag, 5 juli 2020

Louis wandelt te voet van de bushalte naar de ingang van spoedgevallen. Mondmasker op.
61 kg van zijn gebruikelijke 73 was er van hem over.
Julia gaat mee tot aan de intake, daarna keert ze terug. COVID.

Het wachten begint.

Twee jaar lang, tot het wachten opgewacht wordt.

Julia wacht in een brasserie op het eerste geweerschot.

Twee uur later. Haar telefoon gaat over. Diep inademen, ze neemt op.

„Goedenavond mevrouw, u spreekt met de dokter van spoedgevallen. Een vraagje. Wij hebben uw echtgenoot onderzocht, mogen we hem opnemen?"

Protocol zeker, mogen we hem opnemen?!

„Ja graag, dat was het opzet. Ik maak me geen illusies. Doe wat u nog kan. Dank u. Hou me op de hoogte."

Louis wordt opgenomen op de afdeling algemene medische oncologie.

Vijf bladzijden medisch verslag. Enkel begrijpelijk voor ingewijden.

De essentie: ‚het' is groot (15 cm diameter), stinkt, bloedt, infecteert, bedreigt de luchtwegen, bedreigt de slokdarm, bedreigt het strottenhoofd ... en zijn naam is plaveiselcelcarcinoom. Daarnaast zijn er sporen gevonden van een klein hartinfarct. (Misschien het voorval op het terras, de zomer van 2019?)

Wegens COVID slechts drie maal per week één uur bezoek toegestaan, op voorhand reserveren.
Over reservaties weet Julia alles. Als het zo zit, kan ze zich maar beter bedrinken vanavond.
De leeuw zit in zijn kooi ... Hij slaapt.

Middernacht. Ze keert in vrij beschonken toestand huiswaarts.

Van nu af aan loopt Louis nooit meer zonder halsverband.

6 juli 2020

Julia mag het labyrint van de Minotaurus betreden tussen 16 uur en 17 uur.
Ze neemt een basispakket mee. De rest ziet ze later wel, wanneer er meer details bekend zijn.

De weg wordt haar gewezen door verpleegster Maria, één van de drie die er rondlopen.
Eenvoudig om namen te onthouden.

Louis ziet er niet schitterend uit, maar blijft lachen.

Eerst wordt alle bijkomend leven op zijn tumor aangepakt met een stevige dosis antibiotica en zalf met Flagyl. Niet verwonderlijk dat er allerlei kokken op zitten, na twee maanden zonder degelijke behandeling wat hij volledig aan zichzelf te danken heeft.
Van deze kuur krijgt hij verschillende neveneffecten, die we hier niet nader beschrijven.
Het grootste voordeel van al zijn nadelen is de sterke putride geur. Hierdoor is het onmogelijk dat hij op een tweepersoonskamer ligt. Louis heeft een balzaal voor zichzelf.
Aangenaam voor iedereen, vooral voor wie er niet naast ligt.
Door de werking van de antibiotica kan hij zijn kaaksbeen weer bewegen.
Op de ziekenhuiscomputer vullen ze zijn menukeuze in: bloemkoolsoep, ½ portie vis, ½ portie appelmoes, ½ portie puree, vanillepudding. Hij eet alles op. De oplossing is nabij. Denkt hij.
De voorstelling moet nog beginnen. Het ontbijt ziet hij niet zitten, slechts drie potjes honing bestelt hij dagelijks. Volle melk met Ovomaltine-poeder dat Julia voor hem mee brengt.

Terwijl de artsen Louis op het punt proberen te krijgen om de chemische oorlog te starten, worden de bezoekregelingen versoepeld. Na vijf dagen in het ziekenhuis mag Julia elke dag één uur langskomen, mits reservatie.

Op een dag ziet ze al van ver dat er iets mis is.
Een verpleegster staat buiten aan Louis' deur te wenen.
Wat heeft hij nu weer uitgestoken? Julia wandelt erheen en vraagt wat er scheelt.
Blijkbaar is hij een beetje kortaf geweest. Ze kan zich er iets bij voorstellen, na twintig jaar.
Julia verzoekt haar mee binnen te gaan. De verpleegster volgt met een angstige blik in de ogen.
„Louis, wat is er gebeurd?"
„Ik heb gewoon gezegd dat ze me niet als een vierjarige moet behandelen."
„Oké, daar hebt ge een punt. Maar nu excuses voor de manier waarop ge dat gezegd hebt."
Louis verontschuldigt zich tegenover de verpleegster.
De situatie wordt uitgeklaard.
Louis is echt ziek. Dit had Julia vroeger nooit durven zeggen tegen hem. De verpleegster gaat naar buiten.
Julia wijst Louis erop dat hij hier geen werfleider is. Ze moeten de verpleging te vriend houden, alles is al erg genoeg.

Louis staart door het raam. Hij wijst naar een oudere vleugel van het ziekenhuis. „Daar heb ik alle technieken voor ontworpen," deelt hij met fierheid in zijn stem mee.

Het uur is voorbij, Julia vertrekt.
„Tot morgen, Louis."

14 juli 2020

Louis' bloedwaarden staan op scherp. Er wordt groen licht gegeven; de eerste behandeling kan starten.

TPF, chemo.

In tussentijd is er bij Louis een poortkatheter geplaatst. Om de nodige infusen toe te dienen.
Van nu af aan geen soja-producten meer, wegens mogelijke interactie met de therapie.
Julia brengt hem verse gemberthee, tegen misselijkheid. Verse kippenbouillon smokkelt ze ook binnen, in een thermos, voor zijn maag.

Pancolitis, stomatitis en orale candida.
Nog een week erbij om dit op te lossen.

Julia's dagen zijn lang en allesbehalve ontspannend.
Werken met een mondmasker boven een gasfornuis en een gietijzeren stoof, daarnaast nog twee frituren op 175 °C, menu's schrijven, allergenenfiches maken, een controle van de FAVV (Federaal Agentschap voor de veiligheid van de voedselketen) doorkomen, temperaturen meten, bestellingen doen, reservaties behandelen, delegeren ...
En af en toe eens koken.
Van 10 uur tot 15 uur in het restaurant, om 16 uur in het ziekenhuis, weer naar het restaurant tussen 17.30 uur en 23 uur.
's Nachts kruidenthee trekken en bouillon maken voor Louis.

Eén bezoekdag slaat ze over. Ze komen thuis nog een nageleverd raam plaatsen in de badkamer, tijdens haar service coupé.

De derde week van Louis' verblijf in het ziekenhuis zit erop.
Hij is zo goed als klaar voor transport. Het wordt tijd om wat details te regelen.

Julia trekt om 9 uur naar een kampeerwinkel. Louis wil niet in een ziekenhuisbed liggen. Ze schaft zich een stabiel legerveldbed, een degelijke luchtmatras en een kampeertoilet aan. Dit alles komt in hun living te staan, 12 vierkante meter groot.
Het eerste veldhospitaal is klaar.

Julia belt Lea, een thuisverpleegster die bij hen in de straat woont. Op weg naar de trein legt ze de situatie uit en vraagt haar of ze Louis er kan bij nemen.
Als hij niet gewassen moet worden, wil ze het doen.
„Goed, dank u.”
Het varkentje kan zichzelf nog wassen.

Aangekomen in Louis' kamer.
Zijn bagage is ingepakt. Eén van zijn toenmalige favoriete verpleegsters bestelt een privé-taxi en regelt zijn ontslagpapieren. Inclusief de eerste ‚officiële' wondzorgvoorschriften en thuismedicatie. Geen wietdruppels meer, maar traditionele pijnstillers. Die hij best neemt alvorens de wondzorg wordt uitgevoerd.

Twee nieuwe vrienden wandelen hun leven binnen: de thuisverplegers Lea en haar zoon Serge.
Enkele dagen na de eerste kennismaking beginnen ze deze eigenaardige man zelfs grappig te vinden.
Altijd speelt er muziek, overal liggen boeken en slingert er gereedschap rond.
Want hoe ziek ook, zijn verbouwingen gaan verder. Het is zijn huis; van boven tot onder; behalve de ramen renoveert hij alles zelf.

3 augustus 2020

Louis viert zijn verjaardag, drieënzestig jaar.
Jozef en Elizabeth komen eten. Griekse mezedes.
Ondanks de chemo kan hij weer vrij goed eten. Duvel en rode wijn verdraagt hij niet meer. Smaakveranderingen.

Hij schakelt over naar Orval. Het is best gezellig.

Louis schaft zich een pyjama aan, blauwwit geruit motief, 100 % katoen.
Alsook een nieuwe jeans, de vorige was veel te groot geworden en donkerblauwe bretellen, voor de kilo's die er nog af zouden vallen.

4 augustus 2020

Chemo. Tweede sessie. Vijf dagen. Als alles goed verloopt.

De bijwerkingen blijven aanvaardbaar.
Louis eet voor zijn leven. Macaroni met ham en kaas, drie potjes honing, volle melk, volle yoghurt, speculaaspudding.
Normale consistentie, energierijk.
Hulp: glas inschenken.
Parameters: 54,9 kg, 10/7.

„Hoe voelt u zich vandaag?"
„En gij?"

Zijn humor is intact.

De dagen vliegen voorbij. Louis bekomt drie weken van het gif.
Julia werkt door, de verplegers komen tweemaal per dag aan huis.

Nog twee nieuwe vrienden sluipen hun leven binnen: het apothekerskoppel Elise en Christian. Minstens tweemaal per week haalt Julia bestellingen op, medicatie en camions wondzorgmateriaal. Christian is een echte kruidenkenner en een verwoed verzamelaar van vijzels.
Het is niet erg als Julia moet wachten op haar beurt. Ze bevindt zich in een gratis museum.

Af en toe maken Julia en Louis een wandeling. Mits de nodige pauzes lukt dit wel. Soms drinken ze iets in een brasserie in het stadspark. Niet te vaak, het virus hangt in de lucht.

Op 25 augustus voert Julia Louis naar het treinstation, achter op de herstelde scooter. Hopend dat hij niet wegvliegt. Hij verspilt liever geen geld aan een taxi.
Op zijn eentje begeeft hij zich naar zijn derde sessie TPF, tot 30 augustus.
Julia bezoekt hem elke dag, één uur.
57,3 kg.
Louis vindt dat zijn gezwel er al veel beter uitziet.
Als je er samen mee opgroeit, ziet alles er mooi uit.
Voor een buitenstaander is het toch niet echt esthetisch. De meeste van zijn haren vallen uit. Aan het einde van deze sessie wacht hem een volgende schok.

„Louis, volgende dinsdag gaan we al uw tanden trekken." Dus toch.
„Als je dit weigert, ben je binnen het jaar dood."
Niet zo zeer van zijn tanden, maar van de tumor die dringend stralen behoeft. Geen zonnestralen. Vermits zijn kaaksbeen bestraald zal worden, wil men zoveel mogelijk bijkomende infecties vermijden. Zijn tanden bevinden zich in slechte toestand.

Louis geeft zijn akkoord aan voorgestelde concomitante chemoradiotherapie.

Planning bij ontslag:

1 september 2020

9.30 uur: ‚restauratieve' tandheelkunde.
11.30 uur: ingrepen MKA, alle tanden trekken, 19 stuks

Julia wacht beneden in de wachtzaal.

Louis komt buiten alsof er niets gebeurd is. Vraagt pen en papier.
Spreken is er niet bij nu.
„Ik wil milkshake banaan."
Goed. Te voet begeven ze zich naar een bevriende brasserie in
de buurt, onderweg even rusten. Wat druivensuiker voor Louis,
opdat hij niet flauw valt. Ter plekke aangekomen. De barman
voert Louis' wens uit. En nu?
Zijn mond en halve gezicht zijn verdoofd. Op dat moment komt
Julia's Nepalese souschef voorbij. Ze voegt zich bij hen. Suggereert
om in de apotheek een zo groot mogelijke spuit te halen om zo
de milkshake op te trekken. Een geweldig idee. Louis doet twee
uur over zijn milkshake, maar het lukt. Ze voeren een geschreven
gesprek. Daarna gaan ze samen naar huis. Hij geeft geen krimp.

Een leeuw zonder tanden, maar brullen kan hij nog.

30 september 2020

Al twee weken gaat hij elke dag alleen, op eigen verzoek, over
en weer naar zijn radiotherapie.

Deze donderdag heeft hij een afspraak op de afdeling restauratieve tandheelkunde. Niet voor zijn tanden, maar om de heling
van zijn wonden op te volgen. Het ziet er vrij goed uit. Nog een
paar uur wachten om zijn stralen in ontvangst te nemen. Hij
besluit iets te gaan drinken in het centrum. Louis bestelt een
groene thee en verliest het bewustzijn. Dit heeft niets met de
thee te maken.

Hij valt van zijn barkruk. De aanwezige ober, die op de hoogte is van Louis' gezondheidstoestand, belt voor alle zekerheid een ambulance. Syncope. Pijn, zenuw, bloeddruk, zweten ...
Die dag ontvangt hij geen stralen meer, wel een gebroken rib. Wegens zijn coronaire voorgeschiedenis droppen ze hem nogal kordaat op een inox-tafel om een foto van zijn hart te nemen. Is de rib gebroken bij zijn val of op tafel? Het antwoord blijft uit. Normaal gezien zou Louis volgende maandag terug opgenomen worden. Voor zijn volgende dosis chemo.

Nu ligt hij al iets vroeger daar.

Parameters: 57,8 kg, 5,5/3,5!, pols 76.

Julia is intussen op de hoogte gebracht van Louis' voorval. Niet door het ziekenhuis, maar door de ober. Ze werkt verder. Drie telefoons later weet ze ongeveer in welke transitgang Louis zich bevindt. Om half elf 's avonds heeft hij een kamernummer.

Het hospitalisatieverloop is verder ongecompliceerd. Bijna amusant, met een toffe buurman uit Curaçao.

Donderdag, 1 oktober

Julia mag binnen tussen 16 uur en 17 uur.
Ze maakt kennis met de buurman. Louis verschijnt niet; die ligt nog beneden bij de straaljager. Weer aan het werk.

Vrijdag, 2 oktober

16 uur.
Louis is aanwezig, alsook een vriendelijke dokter.
Gezien Louis' afkeer van ziekenhuizen algemeen bekend is, stelt deze voor dat hij tijdens het weekend naar huis mag. Zijn kamer

blijft behouden tot maandag. Louis wil dat wel, maar alleen gaat hij dit niet doen. Zijn bloeddruk is nog niet helemaal gestegen en zijn rib zweeft nog een beetje rond.
Wachten tot zaterdagochtend, er moet gewerkt worden.
Zaterdagochtend rijden ze samen naar huis.

Dat weekend beweegt hij niet veel en neemt hij zijn pijnstillers.

5 oktober 2020

Cyclus 2, concomitante chemoradiotherapie

Zijn gewicht gaat verder omlaag. Een diëtiste? Daar ziet Louis het nut niet van in.

17 oktober 2020

Het is zover. De wereld moet terug dicht.
De mensen hebben het niet begrepen. LOCKDOWN 2.
Julia is weer technisch werkloos. Prachtig. Ze zijn terug samen.
Nog één week bestralingen.

Elke dag vergezelt Julia hem naar het ziekenhuis.
Ze wacht in de gang, slaapt op een stoel met mondmasker op, tot Louis naar buiten kruipt.

25 oktober 2020

De laatste dag radiotherapie.
Louis heeft een consult met de sympathieke arts, dr. Tamboerijn.
Julia mag mee binnen. Hij is zo vriendelijk dat hij vier uur achterstaat op zijn schema.

Louis en Julia wachten geduldig in de gang; mondmaskers op, geen eten. Gelukkig is er geen diëtiste in de buurt. Een mens zou er honger van krijgen, met alle restaurants die gesloten zijn.

Louis mag naar huis.

Nieuwe wondzorgvoorschriften, Jelonet, Flamigel Forte ...
Pijnlijke brandwonden.
Julia brengt nog een bezoekje aan de museum-apotheek. Briefing thuisverpleging.

„Dag Lea, dag Serge. Ik ben terug thuis."

Louis weegt nog 48 kg. Veel te weinig.

3 november 2020

Consultatie, opvolging radiotherapie.

Dr. Tamboerijn.
Menselijk, op gevaar af voor zijn eigen gezondheid. Overuren, maaltijden overslaan ... De goeden sneuvelen meestal eerst.
Daar gaat het nu juist over. Voeding.
Louis' gewicht stagneert op 48 kg, gewogen met zijn veiligheids-schoenen aan. In werkelijkheid minder dus.
De dokter schrijft hem ‚bijvoeding' voor. Fresubin, minstens in drieënvijftig verschillende smaken verkrijgbaar. Julia koopt er tien. Volgens Louis is er één eetbaar: Cappuccino.
De rest schenkt ze aan de voedselbank. Apothekers nemen niets terug: COVID.

De dokter is bezorgd. Louis dwarrelt buiten.

Een dag later voert hij een herstelling uit. Een koelinstallatie, buiten, november, 48 kg!

17 november 2020

Julia en dr. Tamboerijn houden achter Louis' rug telefonisch contact. Het is duidelijk. Binnen de week moet zijn gewicht stijgen of hij wordt opgenomen. Julia zet haar geheime wapens in. Tiramisu met extra vette mascarponekaas, eieren en suiker. Per dag 500 gr verse tiramisu, 800 kcal. Vette bouillon getrokken van lamsvlees en beenderen, geit of konijn, groenten erbij, mixen, extra room toevoegen, één liter per dag, 500 kcal. Koffie met volle room, 10 cl, 336 kcal. 's Avonds Orval, twee stuks, 346 kcal.

Alles vloeibaar, geen tanden meer.

2000 Kcal, hij is er. De bergbeklimming begint.

Bij het vervolgconsult kopieert dr. Tamboerijn tevreden deze gegevens.

Het voedingsprobleem is voorlopig opgelost.

Nu naar de wonde kijken.

„Louis, mag ik uw verband afdoen?"

„Natuurlijk, dokter."

Dr. Tamboerijn haalt de constructie eraf. Voor zover het oog reikt, ziet het er goed uit, en nu …

19 uur.

Het wondzorgteam is naar huis.

Dr. Tamboerijn loopt verschillende kabinetten af om de nodige stukken bij elkaar te sprokkelen.

Het is duidelijk niet zijn dagelijkse bezigheid om zoiets dicht te leggen. Julia neemt over. Binnen de vijf minuten is alles aanvaardbaar gesloten. De grote verzorging is voor Lea, thuis.

„Hoe voelt u zich verder?" vraagt de dokter aan Louis.

„Goed, ik ben een muur aan het afbreken," deelt hij hem met een stralende glimlach mee achter zijn mondmasker.

36

Dr. Tamboerijn kan zijn lach en verbazing niet onderdrukken. Wat de afloop ook zal zijn, een doorsnee-patiënt is Louis niet. Louis mag twee weken thuisblijven omdat hij terug eet. Zijn gewicht stijgt langzaam.

Elke week 500g.

December 2020.

Nog een controle. Consult ‚restauratieve tandheelkunde'. „Wanneer krijg ik een nieuw gebit?" vraagt Louis. „Niet voor eind augustus 2021." Louis wenst ze fijne feestdagen, vastbesloten daar geen voet meer binnen te zetten.

Oudejaarsavond brengen ze rustig met twee door. Thuis. Fantastisch virus. Geen familiebezoeken dit jaar. Er is hoop, maar ook twijfel.

Vooral bij Julia.

Wordt dit hun laatste nieuwe jaar?

Januari 2021

De wonden genezen naar behoren. Er is granulatie. Ze krijgen vijf weken vakantie.

Julia neemt de wondzorg over, ze kan het en is thuis.

Eindelijk privacy. Geen witte jassen.

Louis maakt een afspraak bij een private tandtechnicus. Midden in de winter. Zo vet is hij nog niet. Goed ingepakt trekt hij drie-maal ten velde om zijn sculpturen te passen.

Drie weken later en duizend euro minder heeft hij een volledig nieuw gebit.

Zo snel gaat dat. Nu gewoon worden. Niet simpel. De onderste helft lukt absoluut niet, maar hij is al blij dat zijn bovenste tan-den blijven zitten. Steak tartaar, laat maar komen, ijzer.

De verbouwingen gaan verder. De belangrijkste winkel voor Louis is open.
De doe-het-zelfzaak om de hoek.
„Julia, koop eens een nieuwe steenbeitel, die muur moet eruit."

Februari 2021

Louis bestelt een puinzak.
Zijn muur is afgebroken. Julia sleept de stenen buiten, niet Louis.
Opgeruimd, proper, hygiënischer.

Eind februari. Een laatste vervolgconsult bij dr. Tamboerijn.
Louis is vier kilo aangekomen. Ze zijn optimistisch. De dokter observeert via Louis' neus de binnenkant van zijn halsgebied met behulp van een camera aan een slang. Het ziet er niet slecht uit, onder voorbehoud. In afwachting van de volgende scans.

Louis laat uit voorzorg thuis een traplift installeren.
Lea komt langs om zijn poortkatheter te spoelen. Daar blijft Julia af.
Een onverschrokken vriend bezoekt hen. Robert. Aangenaam om eens een andere klank te horen.

Maart 2021

Scan van de hals.

Consult onder toezicht van dr. Sneyers.
„Een kleine vage vlek met debris. Geen uitsluitsel te geven." Ze boeken Louis in.
Op 3 juli 2021.

„Dag Louis."

Het is zover. De eerste COVID-vaccins zijn in het land.

Louis krijgt als hoog-risicopatiënt zijn eerste portie.
Hij ziet het zitten, zijn hals is bijna terug dichtgegroeid. Het virus wordt gecounterd. Misschien kunnen ze een vliegtuig boeken? Ze boeken de, op dat moment, eerst mogelijke vlucht naar Griekenland. 18 april. Helaas, de overheid speelt niet mee. De vlucht wordt geannuleerd, deze verzetten ze kosteloos.
Voor de zekerheid een nieuwe datum in augustus, het is dan warmer. Beter voor Louis' gezondheid.

Hij amuseert zich met zijn traplift. Pasen kondigt zich aan. Rustig thuisblijven. De rest van de wereld is niet gevaccineerd. Drie relatief mooie maanden zijn gepasseerd.
Geen bloed, weinig lymfevocht.
Louis bestelt een eucalyptusplant en speciale lampen voor planten. Neef Gerard komt op bezoek.

Eind maart, begin april

Julia maakt zich zorgen.
De fistel gaat niet dicht! Het beest is niet dood. Er komen blazen op. Ze contacteert dokter Dirk. Deze denkt dat het een ontsteking is. Het is altijd een ontsteking geweest.
Hij schrijft antibiotica voor. Na vijf dagen weet Julia genoeg. Dit is geen ontsteking.

,Het' is bekomen van de stralen.
De lente breekt aan. Lea spoelt de poortkatheter. Louis begeeft zich naar spoedgevallen.
Het consult van 3 juli wordt geschrapt.
De kleurcode van COVID is donkerrood, die van Louis' tumor ook.

Geen bezoek, één dag per week. Ze scannen Louis' halsgebied.
Geen bezoek, geen Louis.
Hij ontslaat zichzelf en zet de verdere onderzoeken om in ambulant.

Consult met dr. Clémentine.

Julia mag ook komen. Dit is geen goed teken. Het vermoeden is bevestigd. Tweede lijn wordt geopend.
Immunotherapie, 16 % kans op slagen.
Louis, sterk met getallen, weigert dit tot zich door te laten dringen.
Hij gelooft erin, zijn cellen zijn hiervoor gemaakt. Het zal werken.
De behandeling verloopt aangenamer dan de vorige twee.
Eén maal per week een kleine baxter en het is achter de rug.
Weinig of geen bijwerkingen.
Hij blijft zijn energierijk dieet, onder toeziend oog van Julia, strikt volgen.

57 kg. Buiten de gevaarzone.

3 mei 2021

Louis neemt zelf contact op met Lea en Serge.
De horeca mag terug open. In de buitenlucht voorlopig. Uitgestelde trouwfeesten in de gietende regen, onder een grote tent.

Elke woensdagavond haalt Julia Louis op, na zijn immunotherapie, of hij komt zelf naar haar werk en drinkt een Orval op het terras.

Hij voelt zich niet slecht.

Juni 2021

Julia haalt haar vaccin. Johnson. Ze is sneller volledig gevaccineerd dan Louis, één dosis is genoeg. Een bezoek aan haar osteopaat, beetje stress, rug zit vast. Af en toe een terrasje doen, met Louis, tijdens haar service coupé.
Het is nog een leven.

Juli 2021

Half juli moet Louis onder de scanner.
Zonder hem te verwittigen, wordt zijn therapie omgezet in een behandeling met chemo.
Hij behoort tot de andere 84 %.
De arts schrijft hem schildklierpillen voor; die functie was uitgevallen.
Geen probleem voor Louis. We drinken nog een Orval. Het komt wel in orde.

21 juli 2021

Nationale feestdag.
Samen een dag vrijaf. Ze luisteren naar een openluchtconcert.
Te voet, jazzfestival.
Rond middernacht keren ze huiswaarts. Volledig ontspannen.
Zoals vroeger??

Louis ontvangt zijn tweede vaccinatie tegen COVID.

Een paar dagen later bestelt hij een design relaxzetel. Indien hij vermoeid is door de nieuwe chemokuur kan hij zich daarin leggen.
Hij zal nog even actief moeten blijven of op zijn veldbed gaan liggen. Leveringstijd: vier maanden.

Zijn haar valt weer uit. Alles eraf dan maar.

Op verzoek van Louis bestelt Julia twee manuele vleesmolens, met zeer fijn mes. Zodoende kan hij zijn steak tartaar zelf malen. De tweede is voor Griekenland.

Louis blijft bewegen. Ze spreken af met vriend Walter die ze twee jaar niet hadden gezien.

De woonzorgcentra zijn weer toegankelijk.

Zijn volgende verjaardag, 3 augustus, vieren ze samen met Julia's grootmoeder.

Zij zal Louis niet meer zien.

Augustus 2021

Louis vraagt zelf een consult aan met dr. Clémentine.

Hij wil naar Kreta.

Er wordt hem gratie verleend. Julia verzoekt, veiligheidshalve, om een begeleidingsbrief in het Engels. Drie dagen vooraleer ze opstijgen, ontvangt Louis telefoon van het ziekenhuis. De dosering van zijn schildklierpillen wordt verhoogd. Alle medicatie ophalen voor vier weken. De rest kopen ze ginder wel. Denken ze. Louis op voorhand vol soep gieten, zodat hij er even tegen kan. Zijn verband mooi leggen, zodat ze geen vragen stellen.

Van af nu staat Julia er alleen voor.
Lea en Serge vliegen niet mee.

Ontspannend is het niet. ,Het' was flink gegroeid. Af en toe loopt er weer bloed en lymfevocht uit. Julia neemt slechts twee windels mee. Die verkopen ze toch op de hele wereld. Doch niet op het eiland. Ook kompressen zoals in België vindt ze niet. Er rest haar niets anders dan de windels dagelijks af te koken. De absorberende kompressen vervangt ze door maandverband.

Twee dagen na aankomst.
Louis krijgt een allergische reactie op zijn laatste chemokuur. De privékliniek. Onderzoek gebeurt in open lucht in de inkomhal, COVID.
Een speciale zalf en het probleem lost zich op. Sterkere pijnstillers.

Er is duidelijk iets aan het veranderen. Niet ten goede.

Hun huis had de twee jaar afwezigheid goed doorstaan. Op wat ongedierte en stof na, toveren ze dit snel om tot een relatief hygiënisch onderkomen.

Julia begeeft zich naar de plaatselijke apotheek. Twee kilometer verderop. Na een lange uiteenzetting keert ze huiswaarts met aanvaardbare producten om de dagelijkse wondzorg uit te voeren. Louis' gezwel groeit dag na dag. Deze keer niet naar buiten, maar naar binnen. De krater wordt groter. Bloed stroomt er op sommige momenten uit. Elke dag hoofdkussens en lakens wassen, Louis in de douche zetten, verzorgen en dichtleggen.

Het ziet er slecht uit, maar Louis geniet. Hij voelt zich goed, thuis, onder zijn Griekse vrienden die alles meer relativeren dan de Belgen.

Samen met Julia trekt hij terug naar zijn favoriete winkels, bouwmaterialen. Wandelingen, dat zit er niet meer in. Hij is snel moe, heeft pijn en moet vaak gaan liggen. De eerste dagen rijdt hij nog traag rond op zijn fiets; daar komt spoedig een eind aan. Zijn evenwicht is niet meer in orde. Taxi komt in de plaats. Af en toe gaat hij op restaurant: vissoep, gemixte paddenstoelen, fava met olijfolie ... Hij maakt er het beste van. Ze brengen een paar bezoekjes aan hun vriend Michaelis. Niet te lang. De pijn neemt toe. Soms doet Julia wondzorg op het terras van het café. Dat kan in Griekenland.

Louis zaagt plankjes, boort een paar gaten in de muur. Kortom, hij start verschillende projecten op die hij niet afmaakt.

Met de bus rijden ze naar zee. IJscrème en bier gaan nog.
Er moet dringend een spiegel gekocht worden. Die hangt hij op.
Louis neemt deel aan een orthodoxe viering, boven in de bergen, gebracht met de wagen van Petros. Baat het niet, dan schaadt

het niet. Normaal blijven ze altijd tot middernacht voor het feestmaal van één of andere heilige, maar dat gaat niet meer.

Alvorens ze terugkeren naar België boekt Julia een overnachting in een hotel. Zodoende kan ze het huis proper achterlaten. Een extra handdoek voor Louis' kussen 's nachts. Hierdoor zitten ze vlakbij Michaelis' zaak. Samen aan de toog. Louis wordt moe. Hij gaat rusten in het hotel. Julia houdt hem tegen.
„Neem afscheid van Michaelis," zegt ze met nadruk.
Zij voelt, wat zeer snel bevestigd zal worden.
Het zal zijn laatste verblijf in Griekenland zijn.
Louis gaat slapen. Julia blijft zitten. Michaelis kan eindelijk vragen wat er nu juist aan de hand is. Julia vertelt de hele geschiedenis, tranen vloeien. Michaelis biecht haar een droevig geheim op. Zijn broer, geen dertig jaar oud, is gestorven aan dezelfde ziekte. Zijn halve gezicht was opgegeten.
„Be strong," zegt hij haar. Ze houden elkaar stevig vast.

Julia weet genoeg. Ze zal alleen terugkomen. Wanneer?

De nacht verloopt redelijk. Het bed zit niet onder het bloed.
Een laatste blik op hun bergen. Thee drinken op het terras.
Tijd om naar de luchthaven te gaan. Daar aangekomen, checken ze in.
Het grondpersoneel informeert wat Louis aan zijn hals heeft.
Julia antwoordt zo luchtig mogelijk: „Het is niet besmettelijk. Kanker, al twee jaar."
„Is het niet gevaarlijk in het vliegtuig?" vragen ze.
„Luister, we zijn met dezelfde hals opgevlogen en daar vliegen we mee terug," antwoordt ze laconiek.
Helemaal niet gerust in de hele situatie die op vier weken serieus geëvolueerd was.
Het is niet meer dezelfde hals.

In het vliegtuig komt er een vriendelijke stewardess vragen aan Louis of hij begeleiding wenst als ze geland zijn. Louis bedankt hier uiteraard voor. Hij zal wel te voet gaan. Alleen wil hij graag

zijn mondmasker af zetten. Hij heeft moeite met ademhalen.
Het verzoek wordt ingewilligd.

Na de landing wil Louis onmiddellijk een soep eten. Hij had
honger. Een positief teken. Hij leeft nog. In een zelfbedienings-
restaurant verorbert hij een halve liter biologische tomatensoep
vermengd met mascarpone. Calorieën.

Daarna gaan ze met de trein naar huis.
Weer in België.

15 september 2021

Louis hervat zijn chemokuur.
Sommige van zijn bloedwaarden zijn beter dan voor de vakantie,
andere veel slechter.
Hij wordt uitgenodigd voor zijn eerste boosterprik tegen COVID.
Julia keert terug naar het restaurant. Uitgestelde communiefeesten. Een nieuwe Nepalees opleiden; haar souschef vertrekt
binnenkort naar huis. Nepal.

Louis krijgt nog twee chemokuren.

Oktober 2021

4 en 5 oktober nieuwe scans. Hals en thorax.

6 oktober.

Consult Dr. Clémentine.
Julia wordt nadrukkelijk verzocht aanwezig te zijn.

Ze voelt de bui hangen. En geeft alvast haar ontslag. Deze toestand is niet meer bol te werken.

Nog drie weken verkorte opzeg doen. Na veel discussie over loyaliteit.
Haar antwoord is kort en krachtig: „Sorry, maar mijn loyaliteit ligt momenteel ergens anders."
Die bewuste woensdag begeeft ze zich naar het dagcentrum voor oncologie.
Een kaastaartje mee voor Louis. Hetgeen hij opsmult, in afwachting van het verdict.

Dr. Clémentine komt binnen en zet zich. Een slecht voorteken.

„Dag Louis, dag mevrouw. Louis, uw tumor blijft groeien. Hij reageert niet op de chemo. Tevens wil ik u verwittigen dat hij zeer snel een slagader nadert. Wij stoppen hierbij alle therapieën. Indien u wilt, kan u op de afdeling palliatieve zorgen terecht."

De volledige betekenis dringt niet onmiddellijk door; er treedt een soort filter in werking.
Maar een klein schokje geeft het wel. Alle twee staarden ze de dokter aan.

„Heeft u nog vragen?"
Ja, vragen hebben ze wel. Welke eerst?
„Hoe lang denkt u dat het duurt alvorens de tumor bij de slagader is?" vraagt Julia stilletjes.
„Een vijftal weken, schat ik."
„Hoe lang zal hij nog leven?"
„Drie tot vier maanden. Daar kan ik niet exact op antwoorden."
Eerlijk is hij wel.
Louis zegt hierop dat hij in Griekenland wil sterven. Hij vraagt een nieuwe begeleidingsbrief om terug te vliegen. De brief wordt niet geschreven. Gelukkig.
Het vliegtuig wordt geboekt, maar niet genomen.

Het woord ‚palliatief' gaat niet over oude Griekse archeologische opgravingen.

Het zal nog een hele tijd duren eer Louis dit aanvaardt.
Alhoewel hij het eigenlijk wel weet.

De dokter neemt afscheid en vertrekt. Julia en Louis verlaten
het hospitaal als twee geslagen honden.

Julia belt haar souschef en vraagt haar de avondservice over
te nemen.
Ze hebben slecht nieuws gekregen. Geen probleem. „Take care
of your husband.”
Dat doet ze.

Voor ze naar huis terugkeren, wil Louis iets gaan drinken om te
bekomen van dit harde nieuws. Zwijgend zitten ze naast elkaar
en drinken een Tripel Westmalle.

Oktober verstrijkt, haast op automatische piloot.
Lea en Serge zijn terug.
Julia blijft werken tot en met 23 oktober.
Geen dag te lang.

25 oktober 2021

Maandagmorgen, een bloedrode voormiddag.

Julia is thuis.

8 uur.

Louis wordt wakker van een warm vochtig gevoel onder zijn
hoofd. Hij wekt Julia.
Het halve bed zit onder het bloed.
„Louis, gaat het?”
Louis staat gewoon recht en begeeft zich naar de badkamer. Hij
voelt zich niet slap, alleen hangt alles vol bloed.

Goed. Louis wassen, een nieuw verband aanleggen, nieuwe lakens, iets te drinken voor Louis.
Ze leggen zich terug neer.

11 uur.

Ze zijn klaarwakker. Louis ligt weer in een zwembad bloed. Ze bereiken de badkamer. Louis kruipt in bad en wil zich afspoelen.

Plots valt er een pakket bloedstrengen uit zijn tumorale open wonde en een pulserende fontein begint te sproeien ...

Gedaan met lachen. Julia wurgt hem bijna met een handdoek tegen zijn hals gedrukt. Haar volledige rechterarm zit rond zijn nek. Ze probeert zijn hoofd van de badrand weg te houden. Zijn bloeddruk zakt snel en hij dreigt het bewustzijn te verliezen. Zijn ogen draaien weg. Ze blijft tegen hem praten, „Wakker blijven, Louis!" Ze bemachtigt haar gsm, belt 112.
Het advies van de dispatching luidt: „Haal hem uit het bad en ga naar de buren ..." Hem uit het bad halen kan ze proberen. De buren, vergeet het. Uiteindelijk stopt de bloeding. Ze krijgt Louis uit het bad.
Daar zit hij, op de koude vloer. Redelijk onderkoeld. Julia moet hem even alleen laten, de voordeur open doen. Ze rent terug naar boven. Voorlopig onder controle. Met een handdoek rond hem geslagen zit Louis te rillen. Ze hoort een ambulance. Oef, een dokter komt de trap op. Stelt vast dat de situatie onder controle is. Ze wil Louis met de traplift naar beneden sturen. Geen goed idee. Louis is volledig in shock en raakt in paniek half zwevend boven de trap. Op dat moment vraagt de dokter aan Julia hoe ze de lift terug kan doen komen. Julia kan er niet mee lachen. Louis geraakt terug boven, na interventie van Julia. Ze leggen hem op bed. Julia begint de dokter bevelen te geven: zout, pijnstillers, deken. De brandweer wordt opgeroepen. Hij moet door

het raam worden geëvacueerd. De schepbrancard wordt als een open oester onder Louis geschoven.

Julia rukt het vliegenraam uit het venster. De lift van de brandweer arriveert. Uiteindelijk staan ze met vijf personen in hun kleine slaapkamer. Louis ligt er onbewogen maar bij bewustzijn, tussenin.

Terwijl hij door de lucht zweeft en naar beneden wordt geloodst, daalt Julia de trap af.

Buiten staat er meer volk op straat dan in een Grieks amfitheater. De straat is afgezet voor verkeer en naast haar staat plotseling Lea. Ze is niet aan het werken, maar uitgeweken voor de ambulance en Mug, die er achter reed.

Op zo'n momenten doet een mens geen normale dingen. Julia weet helemaal niet meer in welke tijdsdimensie ze zich bevindt. Voor Louis kan ze momenteel niets meer doen, die was vertrokken. Ze vraagt Lea of ze een koffie wil …

„Nee, dank u, ik ben eigenlijk onderweg naar ergens, hou me op de hoogte."

Julia's buurman staat naast haar. „Komt hij nog terug? Misschien beter niet?"

Julia heeft geen idee. Het enige wat ze weet, is dat haar eerste verdieping niet moet onderdoen voor een slachthuis.

Alles waar bloed aan kleeft en wat los kan bewegen, smijt ze in de badkuip. Hoofdkussens, bedlinnen, handdoeken, matjes, lauw water er op, waspoeder er bij. Het bed besproeien met zuurstofwater. De muren en andere infrastructuur zijn voor later. Ze pakt een basiskoffer in voor Louis en vertrekt. Op de trein ontvangt ze telefoon van het ziekenhuis. Louis is toegekomen en zal na onderzoek worden overgebracht naar de afdeling palliatieve zorgen. Oef. Hij leeft nog.

14.30 uur.

Julia arriveert op de afdeling palliatieve zorgen.

Louis is onderweg, ergens in het labyrint. Een vrijwilliger vraagt haar of ze koffie wenst. Totaal niet helder van geest zegt Julia: „Ja graag, dank u."
Na de eerste slok komt haar geheugen terug: die koffie is niet te drinken. Vijftien minuten later wordt Louis binnengereden in een bed. Wakker, een beetje slap.

Daar zitten ze. Het is stil.

Hij krijgt nieuwe medicatie en nieuwe wondzorgvoorschriften. Speciale drukverbanden, exacyl (tranexaminezuur) oraal, tegen bloedingen, morfinepleisters durogesic 12 microgram, oxynorm orodispergeerbare tabletjes (opioïden, smeltend op de tong), morfine subcutaan als doorbraakdosis, dagelijks spoelen van zijn necrotische tumorale massa in de hals met Flagyl. Zijn voedsel-inname is beperkt, dysfagie. Zijn schildklierpillen niet vergeten.

Louis ligt er suf en kapot bij.
Hij krijgt een plastic beker gemixte soep. Terwijl hij deze traag opdrinkt, neemt een verpleger Julia apart in de living.
„Zet u," zegt hij op vriendelijke toon.
Nu begint het serieuze werk. Het grappige is eraf. De verpleger vraagt plichtsbewust hoe het met haar gaat. Goed is niet het juiste antwoord.
Hij legt haar uit welke opties er over blijven.
„Heb je al gehoord van PANAL?"
Nee, daar had ze nooit van gehoord. En eigenlijk registreert ze op dat moment niets meer. Ze neemt de brochure van de verpleger aan, bekijkt de keuken en keert terug naar Louis.
Waar ze als een slappe vod in een zetel valt. Louis slaapt al en zij ook bijna.
Ze moet naar huis.

Rond 20 uur keert ze huiswaarts, verwittigt Lea, wast en kookt. Krachtige lamsbouillon, oesterzwammen, mixen, morgen een liaison eronder. Eten voor Louis.

Zelf heeft ze geen honger meer. Binnen vijf minuten valt ze in een diepe comateuze slaap.

Haar armspieren deden pijn van de abnormale inspanningen die ochtend.

Maar ze voelt niets meer.

Haar eerste dag als mantelzorger zit erop.

Loyaal aan Louis. Plezant is anders.

Dinsdag, 26 oktober 2021

Tegen 12 uur is Julia weer bij Louis.

Hij is uitgeslapen. Twee verpleegsters brengen hem terug, nadat ze hem een douche hadden gegeven. Als ontbijt had hij havermoutpap gekregen, extra fijn.

Nu zijn wond verzorgen. Twee verpleegsters tegelijk, veel gemakkelijker dan thuis alleen. Nog een doorbraakdosis tegen de pijn.

Julia mag de kamer in. De verpleging vertrekt.

Ze haalt haar thermossen uit haar rugzak. Energierijke soep en gekoelde kruidenthee. Twee flesjes Orval en een glas.

Ineens heeft Louis één helder moment en zegt: „We gaan hier niet onnozel over doen. Is 't goed geweest? Ja, 't is goed geweest." Hij doelde op ,zijn leven'. Even beseft hij dat het niet lang meer zal duren.

Ze kijken wat zinloze televisie en drinken samen twee Orvals. Julia laat hem verder rusten en gaat naar huis.

Koken, mixen, koelen, thermos ...

Slapen.

Woensdag, 27 oktober 2021

Afdeling palliatieve zorgen, 12 uur.

Dr. Philippeville komt de kamer binnen.
Ze informeert naar Louis' toestand en geeft een korte uitleg over wat er gebeurd is.
Vermoedelijk een dubbele arteriële breuk. Ze waarschuwt onmiddellijk dat dit terug kan gebeuren.

De tijdbom is geactiveerd en kan niet meer ontmanteld worden.

Toch begint het Louis de keel uit te hangen. Twee dagen is genoeg. Hij wil naar huis.
Julia vraagt de dokter praktische uitleg, hoe een kleine slagaderbreuk te stoppen op een conventionele manier.
Heel simpel, klinkt het. Een steriel gaas, twee vingers op de fontein, lichte druk, tot het stopt.
Als dat alles is!

Louis krijgt toestemming om naar huis te gaan, donderdag.
Reden te meer: er is officieus een COVID-uitbraak vastgesteld op de afdeling. Tof.
Maar niet officieel, dus Julia mag nog een ei bakken in de keuken. Morgen niet meer.
Dr. Philippeville zal Louis' ontslagpapieren klaarmaken alsook zijn nieuwe wondzorgvoorschriften en medicatiefiche.
Lea communiceert met dr. Philippeville.
Ze zal PANAL verwittigen: Palliatief Netwerk Arrondissement Leuven.

Julia en Louis drinken 's avonds twee Orvals.
Alles inpakken om morgen huiswaarts te keren.

Donderdag, 28 oktober 2021

Afdeling palliatieve zorgen, 12 uur.

Officiële uitbraak COVID op de afdeling.

Julia mag tot halverwege de gang wandelen. Daar verzoekt men haar haar jas uit te doen, haar schoenen in te pakken, een gele schort en handschoenen aan te doen en een vogelbekmasker op te zetten.
„Wat doe ik met mijn jas en rugzak?" vraagt ze de verpleging.
„Neem die maar mee naar de kamer???"
Louis' wondzorg is nog bezig, voorzien van zijn kant met de nodige commentaar. Julia staat in de gang te wachten, ze hoort alles. Een verpleegster, bijna in tranen, verlaat de kamer.
Ze moet voorbij Julia en vraagt haar, „En u bent?"
„Vrouw," antwoordt Julia. De verpleegster kijkt haar met grote ogen aan.
Julia vervolgt hierop: „Al tweeëntwintig jaar; sommigen kunnen het."

Daarna gaat ze de kamer in. Louis is al losgekoppeld van zijn slangen. Op een paar aanhangsels na. Het moet snel gaan vandaag, alles moet gedesinfecteerd worden. De ontslagpapieren worden gebracht. Medisch verslag: „Patiënt is alert, sterke eigen wil." Dat is niet gelogen.
Louis belt zelf een taxi. Julia vraagt hoe ze nu buiten mogen gaan en waar ze haar kanariepakje moet achterlaten. De logica van het antwoord ontgaat haar, maar ze doet wat men haar zegt.
„Doe alles maar uit en leg het op bed."
Vervolgens gingen ze in hun gewone kleren en met gewone mondmaskers door de gang naar buiten.

Terug thuis.

Louis nuttigt een calorierijke soep. Ze drinken nog een Orval en gaan slapen.

De eerste afdeling palliatieve zorgen overleven ze samen.

Julia bestelt twee degelijke luchtmatrassen. Voorlopig slapen ze beneden.
De brandweer moet niet altijd meekomen.

Vrijdag, 29 oktober 2021

Het leven herneemt.

Louis gaat weer aan het werk. Er moet laminaat gelegd worden. Hij doet niets liever dan meten en zagen. Het moet juist zijn. Een klein beetje last van zijn bloeddrukverschillen als hij te snel beweegt.

17 uur.

Lea klopt op de voordeur. Julia doet open.
Ze inspecteert Louis. „Hebben ze u daar buitengesmeten?"
„Ongeveer," antwoordt Louis lachend. Ze haalt zijn aansluitstuk van zijn poortkatheter af (nog open dus), het subcutane slotje voor doorbraakdosissen eruit, en bekijkt de datum van zijn morfinepleister. Hierop zegt Louis dadelijk dat hij die pleisters wel zelf zal kleven.
Julia houdt de datums bij.
Als het toch pijn doet, zal hij soms een oxynorm nemen, niet te veel.

Lea ziet de bui al hangen. „Louis, ge moet er één nemen vóór ik uw wond kom doen."
„Dan moet je me een half uur op voorhand bellen," antwoordt Louis.

De nieuwe wondzorgvoorschriften gaat Julia bespreken met de apothekers. Er is altijd wel iets dat op de particuliere markt niet te krijgen is.

‚Flagyl' in de voorgeschreven vorm, alleen te bestellen per honderd baxters. Nog één doos, daarna niet meer leverbaar.

Julia bestelt het niet, misschien hebben ze zoveel niet nodig, dan zit ze daar met honderd zakken Flagyl, die ze niet kan terug geven.

Ze brengen de familie op de hoogte van Louis' nieuwe statuut: ‚palliatief'.

Het ramptoerisme komt op gang. Maar sommigen zullen het niet zolang volhouden als Louis.

Zijn schoonmoeder. Wereldvreemd. Komt langs.

„Dag Louis, hoe voelt ge u nu?"

De slechtste vraag om aan een ter dood veroordeelde te stellen.

Louis gaat onverstoorbaar verder met het rangschikken van elektriciteitsdraden.

Het woord ‚palliatief' dringt niet echt door tot schoonmoeder.

Ze neemt afscheid met de woorden: „Ik kom in de lente terug, als het coronavirus weg is."

Wie ging er winnen? Louis, het virus, de tumor, de slagader? Spannend.

„Dag schoonmoeder, fijne lockdown, tot in het volgende ziekenhuis."

Louis' schoonvader en zijn vriendin hebben minder last van virussen. Zij komen vanaf nu elke drie weken langs. Aangenaam. Vooral voor Julia. Op die momenten kon ze echt eten maken, zonder te mixen.

Ook PANAL stuurt een afgezant. Ze krijgen praktische informatie: palliatief forfait thuispatiënt ...

„Louis, als ik u met Nieuwjaar nog niet gehoord heb, mag ik u dan contacteren?"

„Natuurlijk," zei Louis.

Hij was er nog met Nieuwjaar, maar zijn date heeft hij niet meer gehoord.

4 november 2021

Vriend Robert haalt hen op.
In een vorig leven was deze ambulancier geweest en snelheidspi-
loot. Gezien het slagaderlijke leven van Louis' hals, is deze we-
tenschap voor Julia een ontspannend gegeven. Ze gaan samen
naar de markt. Juist over de taalgrens. Een koffie drinken. Na
twee uur wordt Louis moe.
Het is koud buiten.
Robert opent de auto. „Ik ruik mijn kaas precies?"
„Nee, Robert, dat is uw kaas niet. Ge staat naast Louis, links."

Half november 2021

Eindelijk wordt Louis' design relaxzetel geleverd. Na vier maanden.

De zetel wordt een soort vierde huid voor Louis.
Als een kleiner wordende vos brengt hij er vele uren in door.
Ze voeren een alternatief oproepsysteem in. Wanneer Julia
boven is en Louis beneden, kunnen ze elkaar via een claxon
oproepen.
Aangezien Louis volledig vrij is van ziekenhuizen momenteel,
vraagt hij dr. Dirk nog eens bloed af te nemen. Er is nog over.

Vitamine D en ijzer: alarmerend laag.
Julia haalt supplementen bij de apotheek.

Serge heeft COVID: tien dagen quarantaine. Gelukkig zei hij
niet „Tot volgende lente."

Louis en Julia creëren nog één alternatief brouwsel.
Een alcoholtinctuur op basis van Braziliaanse schors, een recept
van de indianen in Midden-Amerika. Elke dag 5 ml, oraal. Dit
gaat werken. Hij voelt het. In elk geval zal het ontspannend zijn,
94 % alcohol. Met dezelfde schors wordt in samenwerking met

apotheker Christian – een plantenkenner, maar dit kende hij nog niet – een zalf ontwikkeld.
Louis zal deze tot zijn laatste dag gebruiken.

29 november 2021

Morfinepleister.

Met hernieuwde moed probeert hij nog eens zijn onderste tanden te gebruiken. Tevergeefs. Twee loszittende prothesen, zijn veel te sterk ontwikkelde tong waar hij een jaar lang mee had gegeten: zijn mond zit te vol, niet met voedsel.
500 euro de schuif in, een herinnering aan vervlogen dagen.

17 uur.

Wondzorg. Serge was terug.
„Hoe gaat het met de pijn, Louis?"
„Geen probleem."
„Mag ik dit stuk hout verleggen, Louis, dan kan ik mijn veld hier leggen."
„Sorry, Serge, wacht even ..."

Serge zijn kostbare tijd loopt verder.
Die van Louis ook.

18 uur.

Louis stopt met verbouwen voor vandaag.
„Ik ga tikken, tijd voor aperitief, Orval."

December 2021

Na twee jaar had Julia een afspraak bij de tandarts gemaakt.
Twee gaatjes.
„Ik zal u een vervolgafspraak geven in februari 2022," zegt haar tandarts.
Ze stemt toe, de vraag flitst wel door haar hersenen of dit gaat lukken.

Hoe slecht zal het dan met Louis zijn? Of zal hij er niet meer zijn?

15 december 2021

Julia haalt haar boosterprik tegen COVID.
Eénentwintig december 2021: verjaardag Julia.
Drieëntwintig december 2021: spoelen poortkatheter.

1 januari 2022

„Lea, Serge, beste wensen en een goede gezondheid."

Aanvraag tweede deel ‚palliatief forfait'.

Louis had een paar nachten na elkaar opnieuw last van bloedingen; niet zo spectaculair als eind oktober, maar genoeg om er van wakker te liggen.
Op een avond. Louis ligt in zijn zetel.
Plotseling zegt hij: „Bol, mijn beeld valt weg, in stukjes ..."
Julia leest alle bijsluiters opnieuw.
„Exacyl, bij langdurig gebruik, raadpleeg regelmatig een oogarts."
„Ah," reageert Louis, „dan neem ik er wel één minder."
Slechte beslissing. Bloed.
Dan maar opnieuw drie en af en toe blind.

Als zijn ogen mee willen, begint hij nog aan de restauratie van een houten tafelblad met inlegwerk.

Louis, 51 kg, winter, zet zelf een tafel buiten en leent een schuurmachine.

18 uur.

Tikken. Orval, soep ... Louis houdt stand, dankzij zijn buitengewone levensdrang.

Februari 2022

Petros uit Griekenland telefoneert met Louis.
„Alles goed, tegen de zomer ben ik daar."

Julia zwijgt, slikt en laat ze doen.

Hij gaat verder met de restauratie van een oud glasraam. Dit moet dringend ingewerkt worden onder een hangkast, in de muur.
Zijn bloed kolkt, als een orkaan boven een wilde zee, door zijn hoofd.
Het werken met een boormachine gaat moeilijk.
„Bol, ik zal het u tonen, hier en hier moet ge gaten boren. En kan je dit plankje zagen?"

Julia bekijkt hem.

„Louis, zouden we eens niet iets anders doen dan verbouwingen?"
„Waarom?"
„Omdat ge dood gaat, Louis."
„Nee."

Julia boort de gaten, zaagt het plankje en gaat naar de tandarts voor haar vullingen.

Ze krijgt een bericht van haar laatste baas: „Ik heb uw eco-cheques, kom je die halen?"
„Stuur ze maar op of gebruik ze zelf."

Het interesseert haar niet.

Louis wordt uitgenodigd voor zijn vierde COVID-vaccinatie. Goed nieuws, vindt hij zelf, dan kan hij naar Griekenland vliegen. Eerst denkt hij te voet naar het vaccinatiecentrum te gaan. Daar houdt Julia hem toch tegen. Hij heeft al drie maanden geen tien meter afgelegd in de buitenlucht. Het is nog altijd winter; de zon schijnt wel, maar het lijkt haar geen goed idee.
Louis' schoonvader brengt hem met de wagen tot aan het centrum. Louis stapt uit. Julia vraagt of ze met hem mee zal gaan.
„Nee, dat doe ik alleen."
48 kg.

Eind februari beslist Louis dat ze lang genoeg beneden hebben geslapen. Hij wil terug boven in zijn bed liggen.
En zo geschiedde.

„Ik ben graag bij u, Bol."
„Ja, ik ook bij u, Louis."

Hoe lang nog?

Maart 2022

Spoelen poortkatheter.

Louis breekt een stuk van zijn nieuwe muurbekleding af. Het is niet goed genoeg naar zijn zin.

Intussen groeit ,het' verder en verder.
Robert vraagt of we hem vergezellen naar Wallonië.

„Nee, dank u. Het is te koud. Louis slaapt meer en eet minder."

Julia zou graag haar grootmoeder willen bezoeken. Dat gaat niet.
Louis kan geen uren alleen zijn, geen half uur meer.
47 kg.

23 maart 2022

Zijn schoonvader komt langs. Alleen.

Het zal zijn laatste bezoek aan Louis thuis zijn.

Omdat zijn kilo's eraf vliegen, heeft Louis altijd kou.
Julia koopt hem nog twee nieuwe, warmere jassen.

April 2022

„Julia, kan je zachtere handdoeken kopen? Alles is te hard."
„Oké, Louis."

1 april 2022

Nacht.

Zijn tumor voelt zich goed.
Hij laaft zich aan een driegangenmenu in Louis' hals.
Een vampier leeft 's nachts.

Tot zes maal toe vervangt Julia Louis' halsverband. Ze probeert
een drukverband aan te leggen.
Maar als het bloed er langs drie verschillende kanten uitloopt,
is dat niet simpel.
„Louis, alstublieft, drink nog twee exacyl-ampullen?"

Uiteindelijk loopt het er niet meer door.
Julia belt de buurman en vraagt of hij hen naar spoedgevallen wil brengen.

Zaterdag twee april. Alle spoedgevallendiensten in Vlaams-Brabant zijn overbelast. Samen zitten ze in de gang te wachten. Alle wachtkamers zitten overvol. Geen oog hebben ze dichtgedaan, niets gegeten. Al vijf uur zit Louis recht in een harde rolstoel. Zijn bloed is gezakt. Na lange tijd – Louis had zich neergelegd in een zijkamertje, niemand lette op hen – komt er een arts. Ze vervangen Louis' verband, leggen er isobetadine-tule tussen en zetten hem in de gang. „Een half uurtje wachten, als het nog in orde is, ga maar naar huis." Julia had liever iets anders gehoord.
„Als het opnieuw begint te bloeden, dan moet meneer opgenomen worden. En mevrouw, laat de wondzorg over aan de thuisverpleging."

Julia slikt alles door. Het is niet de plaats om een discussie te beginnen.

20.30 uur.

Ze zijn thuis. Opgehaald door de buurman. Medicatie, Orval en slapen ...

Het blijft vier dagen relatief rustig.
Stilte voor de storm.

7 april 2022

De bloedingen beginnen weer.

5 uur.

Julia belt Lea.

Lea komt en belt een ambulance. Louis alleen naar spoedgevallen, COVID.
Deze keer krijgt hij vers bloed. Zo kunnen we bezig blijven. Lea
neemt contact op met dokter Dirk.

Drie uur later.

Louis belt Julia.
„Bol, ze hebben me buiten gezet. Kom je me halen?"
Louis zit in de inkomhal in een rolstoel. Hij had een extra kussen gevraagd.
46 kg.

Alles is te hard.

Julia verschijnt.
Louis overhandigt zijn kussen aan de receptie en bedankt ze
hiervoor. Ze laten een taxi komen. Louis naar huis ...

17 uur.

Lea komt binnen. Gelijktijdig krijgt Julia telefoon uit Griekenland,
een verwarrende situatie ...

Lea neemt Julia apart.
Het lachen is eraf.
De troepen bereiden hun terugtrekking voor. Julia voelt het komen.
Voorzichtig begint Lea: „Als Louis wil, dan kan hij twee of drie
weken worden opgenomen om de bloeding te stabiliseren."

Ze kijken elkaar recht in de ogen.

... Als Louis wil?

Er is plaats nu. In een ander ziekenhuis. Julia weet dat ‚het'
moet gebeuren. Ze is moe.

Nu Louis nog meekrijgen.

„Oké, Lea, bedankt, we zullen er over praten."

Louis zwijgt.
Moe.

Vrijdag, 8 april 2022

Meer bloed.

Julia belt Serge.
Binnen twintig minuten is hij ter plekke, tijdens zijn middagpauze.
Julia en Serge leggen samen een drukverband aan. Serge kleedt
Louis aan, kleeft nog een morfine-pleister, 25 microgram. Louis
drinkt een half tasje soep.

Serge belt een ambulance.

Ineens staat Louis recht en gaat de trap op.
„Ik moet naar het toilet," zegt hij rustig.
„Volg hem, Serge," zucht Julia. Hij was nu beneden.
Ze komen veilig terug in de living.

Serge sleurt de bevestiging uit Louis: „Gaat ge naar het ziekenhuis, Louis?"
„Ja, oké."

Hij zag ook wel in dat het zo niet verder kon.

De Waalse ambulance arriveert.
Eerste halte, plaatselijke spoedgevallen. Het was bijna een stam-
café geworden, maar zonder bier.
Daarna zal er secundair vervoer voor verder transport geregeld
worden.

Louis vertrekt.

Hij zal zijn huis nooit meer zien.

Julia valt in de armen van Serge.
Ze laat haar tranen over haar gezicht stromen.

„Je moet hem daar laten," dicteert hij Julia.
Na twee jaar kende Serge haar goed genoeg; ze zou alles doen
voor Louis.
„Dit gaat niet meer thuis."

Julia beseft het.
Ze heeft al zo veel grenzen overgestoken.
De ravijn ligt aan haar voeten.

Serge pleegt een paar telefoontjes, onder meer met dokter Dirk.
Het groen licht was gegeven.
Daarna vertrekt hij.

Plots staat de buurman in de deuropening.
Niet verwonderlijk, de laatste dagen is er altijd wel iets te bele-
ven op hun adres.
„Koffie?" vraagt Julia en trekt hem binnen in huis.
Iemand moet daar zitten, nu, als klankbord. Hij blijft geduldig
een uur zitten.
Op deze tijd vertelt Julia ogenschijnlijk haar hele leven, met
zo'n snelheid vliegen de woorden uit haar mond. Als de kalmte
een beetje is teruggekeerd, neemt de buurman alle bebloede was
mee; hij zal dat wel doen.
„Dank u," en ze vliegt hem om de hals.

Iets wat ze bij Louis al twee jaar niet meer kon doen.

INTERBELLUM

Een raderwerk schiet in gang.

De huisdokter verwittigt PANAL. Het ziekenhuis wordt op de hoogte gesteld.
Louis is gecapituleerd.
Het secundaire vervoer wordt besteld.
Iedereen wacht.

18 uur.

Louis belt Julia.
„Ik zit nog altijd in de gang op spoedgevallen. Wat is het plan?"
Ja, dat wist zij ook niet. Ze giet soep in een thermos, verzamelt een paar andere dingen en begeeft zich onmiddellijk naar spoedgevallen.
Louis alleen in de gang laten wachten, uren, dat gaat niet door. Julia baant zich een weg door de gesloten deuren van de spoedafdeling.
„Een tafel en een stoel graag, nu."
Louis zit nog steeds in een keiharde rolstoel, met een deken van de ambulance op zijn schoot.
Midden in de gang eten ze soep.
Louis wil naar het toilet. Julia rijdt hem erheen. Hij komt buiten. Plichtsbewust zet hij zijn mondmasker terug op, de wond begint weer te bloeden door het elastiekje dat rond zijn tumor spant ...
Julia entert een verpleger: „Een bed alstublieft en meer kompressen." Ze steekt nog een oxynorm in Louis' mond.

Wachten.

Om 21.30 uur arriveert het secundaire vervoer.
De ambulanciers schrikken zichtbaar als Louis uit zijn bed kruipt en op de brancard klimt.
Ze snoeren de riemen redelijk hard aan rond Louis. Julia mag meerijden.

Onderweg.

„Louis, gaat het?"
„Ja."

Autostrade.

„We zijn er bijna."

Alsof ze op reis gaan.

Ze komen aan, ingang spoedgevallen.

Louis inschrijven, identiteitskaart onder zijn riemen vandaan halen; zijn polsen zien blauw.

Intake.
„En u bent?"
„Kapot ... Echtgenote."

Er was geen COVID-test afgenomen, dus worden ze via de ondergrondse catacomben naar de lift geloodst.

Vierde verdieping. PZE.
Palliatieve zorgeenheid.

De liftdeuren openen zich.

Hermes laat hen achter aan de oever van de Styx.

23 uur.

De nachtverpleegster leidt hen naar kamer 402.

Rustig, kalm, koelbloedig, diepgelovig, neuriënd.
Ze vervangt Louis' verband – exacyl rechtstreeks met gaasver-
band op de wonde (waarom wist niemand dit eerder?).
Julia krijgt een veldbed.
Zijn morfinepleisters worden geteld en overhandigd aan de
verpleging.

Ze drinken een Orval om te bekomen.

Lea en Serge verwittigen.

Missie volbracht.

Slapen.

DEEL 2

KAMER 402, PZE, DE BRUG

Zaterdag, 9 april 2022

Een nieuwe wereld gaat open ... en dicht.
Geen zwarte bomen, wel een bloedrode kraan groeten hen van-
achter het raam.
Mooi.
Vanaf nu is dit hun nieuwe achtertuin.

Hoe lang nog?

Julia bekijkt Louis ... Louis bekijkt Julia.

Ze zwijgen.

Twee oorlogsveteranen in een veldhospitaal.

Louis zoekt en vindt aan zijn linkse zijde de afstandsbesturing
van zijn bed. Hij zet zich recht.
Julia vouwt haar ijzeren logeerbed samen en zet dit in de hoek
van de kamer naast het hoofdeinde van Louis' bed.
Zich tot Louis richtend: „Heb je trek in gekoelde kruidenthee,
er is nog over van gisteren."
Louis knikt bevestigend.

Klop. Klop.

„Kom binnen," antwoordt Louis. Hij neemt een slokje van zijn
ijsthee.

De deur opent zich, een man in burgerkleding staat in de deuropening.

Misschien heeft hij zich van kamer vergist?

Langzaam beweegt de kleine, grijsharige figuur zich richting Louis' bed.

„Goedemorgen, ik ben Jos, een vrijwilliger," deelt hij hen met zachte stem mee.

„Kan ik iets doen voor jullie?" vervolgt hij.

Louis kijkt bedenkelijk.

„Nee, dank u," repliceert hij.

Jos vraagt Julia of ze hem wil volgen met Louis' identiteitskaart. Ze moet hem nog inschrijven op de afdeling. Met mondmasker op wandelt ze achter hem aan, op automatische piloot, overgeleverd aan het zoveelste protocollaire gebeuren.

Aan het loket in de ingang van het ziekenhuis overhandigt Julia Louis' identiteitskaart alsook zijn kaart van de hospitalisatieverzekering. Voor de zoveelste maal krijgt Louis een nieuwe barcode en nummer.

Julia zucht diep.

De vriendelijke vrijwilliger ziet de radeloosheid op haar gezicht en probeert haar moed in te spreken.

„Lig er maar niet van wakker, alles komt in orde."

Julia zal wel van iets anders wakker liggen, in orde komt er niets meer.

Ze volgt Jos terug naar de afdeling; hij zal haar rondleiden op de vierde verdieping.

Recht tegenover de lift stappen ze de keuken in.

Goed geëquipeerd: een elektrisch fornuis met vier pitten en een dampkap, potten en pannen er onder in een kast, een degelijke oven met een magnetronfunctie. In de hoek ertegenover bevindt zich een automatisch koffiezetapparaat met afzonderlijk warm water om thee te zetten; daarnaast staat de frigo voor het personeel met eronder een diepvriezer. Rechts hiervan een koelkast voor de patiënten, waarin voor iedere kamer een halve legger ter beschikking staat.

In het midden van de keuken staat een vierkantig wit tafeltje met zes krukjes rond, erop een grote gevulde fruitschaal.

Ze verlaten de keuken en betreden de living.

Een grote ruime plaats met veel licht. Hier bevindt zich een grote witte tafel met acht stoelen, een dagelijkse krant, een boudoir, een kast met boeken, een muziekinstallatie en foto's van het verplegend personeel door de jaren heen. Aansluitend in het tweede deel van de kamer is een salon neergezet met zwarte lederen zetels, een laag tafeltje op wielen en een televisietoestel met dvd-speler.

Jos gaat haar voor op het gangpad tussen de living en het salon, waar aan de rechterzijde de medische verpleegpost opduikt en ertegenover het toilet voor de bezoekers.

Verder de gang in: rechts de stille ruimte, links een kamertje met wasmachine. Vlak ernaast een waterfontein met optie voor kamertemperatuur of ijskoud water.

Twee deuren verder, kamer 402, linkerkant van de gang.

Julia neemt afscheid van Jos. Die wijdt zich verder aan zijn andere taken, onder meer het rondbrengen van het ontbijt voor de patiënten.

Twee lieve verpleegsters hebben zich over Louis ontfermd.
De vroege shift wordt vandaag ter harte genomen door Angèle en Eleni.

Eerst rijden ze Louis in een rolstoel naar de grote badkamer er recht tegenover. Na de dag voordien meer dan zeven uur in de gang van spoedgevallen doorgebracht te hebben, is het tijd voor een douche.

Dik tegen zijn zin; hij houdt daar niet van.

Louis laat ze doen.

Hij zwijgt.

Zijn met bloed besmeurde kleren zijn gewassen en gedroogd.
Hij kleedt zichzelf weer aan, daar heeft hij geen hulp bij nodig.
Met zijn drieën keren zij terug naar kamer 402.
Louis legt zich op bed.
„Mogen we uw wond verzorgen?" vraagt Eleni met zachte stem.
Louis knikt affirmerend.
Ze trekt plastic handschoenen aan in de kleine badkamer.

Voorzichtig maken ze Louis' halsverband los, een weinig bloed
sijpelt eruit.
Om de bloeding te stoppen breekt Eleni een ampul vloeibaar
tranexaminezuur open, leegt deze op een kompres van hydrofiel
gaas en bedekt de open tumorwonde hiermee. Daarboven nog
een laagje gaas met desinfecterende gel, een portie absorberende kompressen en het geheel omzwachtelen met een 10 cm
brede windel.
Angèle laat Eleni verder alleen doen.
„Gaat het met de pijn, Louis?" informeert Eleni.
Louis antwoordt met een verbeten gezicht: „Ja, geen probleem."

De verpleegster verlaat de kamer en komt terug met zijn medicatie.
Één pil om de schildklierfunctie in stand te houden, twee am-
pullen vloeibaar tranexaminezuur (oraal in te nemen), een pil
tegen de jeuk en voor de zekerheid een orodispergeerbaar table-
tje (op de tong smeltend) opioïde, tegen de pijn die van Louis'
gezicht af te lezen is.
Louis aanvaardt zijn pijnstiller, gebiedt Eleni de resterende medicijnen op het tafeltje achter te laten: „Die zijn voor later."

Louis zet zich neer in de grijze relaxzetel op verzoek van Eleni,
zo kan zij het bedlinnen vervangen. Vanuit zijn nieuwe gezichts-
punt onderwerpt Louis de ruimte aan een scherpe inspectie: een

kleine frigo, een televisie aan de lichtgroene muur, een radio, een tafeltje, twee blauwe stoelen in kunstleder met armleuningen, een antracietkleurig grijs plankje met twee planten erop, een roodbruine, grote kleerkast. Daar tegenover een badkamer met toilet en lavabo en naast zijn bed een rijdend nachttafeltje met uittrekbaar blad.

Zijn ogen blijven stilstaan als de grote rode kraan in zijn blikveld verschijnt.
Kraan, werf, nieuw ziekenhuis, toekomst ... Welke toekomst?

Het bed is opgemaakt. De mand met wondzorgmateriaal staat in de grote kast; alles is opgeruimd en proper. Eleni vraagt of ze nog iets kan doen. Louis schudt zijn hoofd. Ze begeeft zich naar de deur, ontsmet haar handen met desinfecterende gel uit een dispenser en draait zich nog éénmaal naar Louis. „Als er iets is, bel maar!" en ze wijst naar het rode knopje boven Louis' bed.

Julia opent de deur. Eleni groet haar en gaat buiten nadat ze er nog juist aan denkt om het lampje uit te duwen dat in de gang aangeeft dat er in de kamer gewerkt wordt.
Julia betreedt de kamer en werpt een goedkeurende blik op haar echtgenoot. Ze informeert of hij hongerig is.
Louis heeft honger. Na de bewogen vorige dag ... Weinig tijd om te eten, veel stress, ambulance, meer bloed, spoedgevallen, ambulance, ander ziekenhuis ...
Ze haast zich naar de keuken met de thermosfles met soep van gisteren in haar hand. Julia warmt het restje soep op, in een steelpan, op het elektrisch fornuis.
Ze brengt de soep in Louis' persoonlijke kom, gisteren in allerijl meegenomen, naar de kamer. Als een uitgehongerde leeuw verorbert Louis zijn gemixte oesterzwammensoep op basis van verse kippenbouillon, klaargemaakt door zijn vrouw. Zijn lievelingseten.

Klop. Klop.

„Ja," roept Julia.

Een ander uniform, bruinachtig van kleur, komt binnen.
„Ik ben de poetsvrouw," stelt ze zichzelf voor.
„Mag ik de kamer doen?"
Louis knikt bevestigend.
Ze praat over het weer.
Louis negeert dit en wacht tot ze weg gaat.

Even later.

Klop. Klop.

„Binnen," roept Louis.

Er verschijnt een man; blauw uniform ditmaal.
„Goedemiddag, Louis," zegt hij en zet zich neer op de vensterbank.
„Ik ben dr. Van Pelsen. Hoe gaat het?" vraagt hij.
„Goed," antwoordt Louis.
„En met de pijn?" informeert de dokter.
„Ook goed," zegt Louis.
„Kan ik nog iets voor u doen?"
„Nee."
Dokter Van Pelsen neemt afscheid en verlaat de kamer.

Louis hoopt dat de parade nu afgelopen is.
Hij wil zich met belangrijker zaken bezighouden, namelijk de
herinrichting van de kamer.
Alles moet verzet worden. Dit is duidelijk weer het werk van een
binnenhuisarchitect.
Architecten heeft hij nooit hooggeacht.

Hij geeft aanwijzingen aan Julia die ze zonder tegenspraak uitvoert.
De relaxzetel schuift ze onder het televisietoestel, het tafeltje met
daaronder de kleine koelkast komt ernaast te staan en tenslotte

in de hoek met het raam, aan het voeteneind van Louis' bed, de twee blauwe stoelen.

Geen ogen achter zijn rug.
Louis kijkt toe als een werfopzichter en vindt het resultaat harmonieuzer dan de originele opstelling.

De klok geeft twee uur 's middags aan.
Tijd voor Julia om huiswaarts te keren, gezien niemand weet hoe lang ze daar blijven.

Zonder twijfel blijven ze samen.
Louis alleen daar laten en zij alleen thuis zitten ... dat is geen optie.

Ze neemt bus, trein en ... Haar fiets (eigenlijk Louis' fiets) staat nog aan de ingang van de spoedgevallendienst in het vorige ziekenhuis.
Te voet trekt ze erheen, een ijskoude regen valt over haar neer. Verfrissend.

Thuis aangekomen, de fiets tegen de voorgevel, opent ze de voordeur.

Julia aanschouwt de ravage en voelt de leegte hangen in de woonkamer.
Haar buurman staat achter zijn raam. Hij merkt Julia's fiets op. Hij bukt zich, neemt de zak met propere was in de hand, begeeft zich naar buiten en trekt de aandacht van Julia. Zij staat nog in gedachten verzonken stil in de deuropening, met haar rug naar buiten toe.
De stem van de buurman schrikt haar op. Ze draait zich om, neemt de propere kleren in ontvangst en bedankt hem hartelijk. In het kort stelt ze hem op de hoogte van hun onprettige avontuur, neemt afscheid, stapt de living in en sluit de deur.

Tijd om orde te scheppen in de chaos. Ze ruimt de lege verpakkingen van de laatste thuisverzorging op en begint twee tassen in te pakken.
Niet alleen voor Louis, maar ook voor zichzelf.
Zij mag daar blijven.

In de keuken opent ze de diepvriezer, neemt er een portie energierijke broccolisoep uit. In de koelkast treft ze nog twee flesjes trappistenbier aan, Orval. Uit de voorraadkast pakt ze een glazen bokaal eigenhandig gemengde kruidenthee, een zwarte waterkoker, versgemalen koffie (Louis' merk), één bus volle melk, één busje volle room, een doosje met zes eieren, een oranje plastic bus Ovomaltinepoeder, versgeperst druivensap in een thermosfles, ... Louis' medicatie.

Julia beklimt de door Louis zelfgemaakte, houten trap in de woonkamer.
Boven verzamelt ze kledij voor hen beiden.
Voorlopig moet dit volstaan, ze moet de trein nemen.

In de badkamer neemt ze een douche. Het warme water ontspant haar, tot op zekere hoogte – niet te lang, Louis wacht. Ze droogt zich af, kleedt zich terug aan, met frisse kleren.

Terug beneden in de keuken doet ze de afwas van gisteren en zet alles op zijn plaats.

In de woonkamer, vleit Julia zich neer in Louis' zachte zetel, diep in gedachten verzonken.

Waanzin. Hoe lang nog?

Plotseling veert ze recht, neemt de volgeladen rugzakken op, legt ze achter in de blauwe plastic bak op Louis' fiets en rijdt naar het treinstation, na de voordeur zorgvuldig achter zich gesloten te hebben.

Op de trein stelt ze vast dat zijzelf niets gegeten heeft.
In de tunnel van het station koopt ze een vettige snack met kip en looksaus, eet deze al wandelend op onderweg naar de bushalte.
Haar bus komt aan, terug naar het ziekenhuis.

Zwaarbeladen sleept ze zichzelf door de houten toegangspoort, zet haar mondmasker op en begeeft zich naar de lift die haar naar de vierde verdieping brengt.
Palliatieve zorgeenheid.
Waar haar Louis ligt.

De liftdeuren openen zich. Julia slaat linksaf, tweemaal, ze vervolgt haar pad tot aan nummer 402.
Julia betreedt de kamer, ontsmet haar handen, hangt haar mondmasker omhoog en pakt uit.

Tijdens haar afwezigheid had Louis geslapen, maar is nu klaarwakker.
Ondanks alles wat hij de vorige week had meegemaakt, ziet hij er vrij goed uit.
Zichtbaar blij dat ze terug is.
Ze kussen elkaar.
In de keuken warmt Julia de meegebrachte soep op voor de zieke Louis.

Rond 19 uur drinken ze samen een Orval, kijken naar National Geografic op de televisie.

Buiten wordt het donker. Julia staat recht en sluit de gordijnen.
De tv zet ze uit, liever wat jazzmuziek op de achtergrond.
Zittend op een houten krukje neemt ze haar boek Griekse Taal ter hand.
Louis bestudeert een krant.
Gedachten dwalen af.
Elk apart in hun hoofd, samen in één kleine ruimte.

Ze zwijgen.

22 uur.

De nacht klopt aan de deur.

Louis roept: „Binnen."
„Alles in orde?" zingt de verpleegster, om vervolgens op te merken dat er goede muziek speelt. „Als er iets is, bel maar. Af en toe kom ik eens kijken."
Nog even Louis' verband controleren, alles ziet er veilig uit.
Esther verdwijnt en verschijnt elke drie uur, gewapend met batterijlamp, om bloed, leven ... of dood van Louis in het oog te houden.

24 uur.

Ze vouwt haar veldbed open, maar Louis onderbreekt haar actie en deelt mee, dat dit aan zijn rechterzijde komt te staan. Hij moet haar kunnen zien, links slaapt de tumor.

Daar liggen ze dan met zijn drieën.

01 uur.

Louis belt ... Pijn.

Esther plaatst een slotje in zijn arm, spuit hierin een kleine doorbraakdosis opioïden en neuriet zichzelf de gang in.

Allebei uitgeput, vallen ze ogenschijnlijk in een diepe slaap.

Dag één zit erop.

Nog vierenveertig dagen volgen, maar dat weten ze niet.

Zondag, 10 april 2022

8 uur.

Een verpleegster brengt Louis' medicatie.
„Zet maar neer," roept Louis met wakkere stem: „die neem ik later wel en die tranexaminezuur-ampullen doe ik in het vervolg zelf open."

Blijkbaar is hij bijgeslapen.

„Mag ik de gordijnen opendoen, Louis?," vraagt de verpleegster vriendelijk.
„Nee, dat doe ik zelf wel," antwoordt Louis kort.
„Bel je mij als ik uw wond mag verzorgen, Louis?," verzoekt ze hem.
„Ja, ik zal wel bellen, als ik er klaar voor ben," zegt Louis.
„Tot straks, Louis," prevelt ze en spoedt zich naar buiten.

Gewekt door het tumult van het ochtendritueel staat Julia recht, vouwt haar veldbed op en zet het in de hoek van de kamer.

Louis gaat naar het toilet, komt terug, doet de gordijnen open, bekijkt zijn kraan.
Al zijn hele leven is hij gefascineerd door kranen, meestal gele – deze is rood.
Per slot van rekening is hij burgerlijk ingenieur.
Herinneringen vliegen door zijn hoofd, weggevlogen dagen, drieëntwintig werven tegelijk, onder zijn persoonlijke leiding, achtentwintig jaar oud, team-leader in Indonesië, projecten in Afrika, fruit- en groenteveilingen, allemaal die van België, hartoperatiekwartier, slachthuizen, watervoorzieningen, koelingen ... tien jaar later, opgebrand, te veel gegeven ...
Louis had te hard geleefd.

Julia haalt hem naar de realiteit: „Dorst, Louis?"
„Ja, Bol," antwoordt hij lief.

Ze bereidt hem een tas volle melk met poeder er onder geroerd, uit de bus Ovomaltine: 150 ml, 100 kcal, vitaminen.

Terwijl Louis drinkt, herneemt Julia haar logboek der calorieën. Zoals ze al twee jaar doet in zijn slechtste periodes. Zaak van toch een inschatting te kunnen maken hoe het er voor staat.

De waterkoker slaat af. In de badkamer giet ze het hete water op de echte koffie door een filterzakje dat op de thermosfles balanceert. Een huiselijke geur verspreidt zich door de kamer, beter dan de gevriesdroogde poederkoffie uit de machine in de keuken. Volle melk, geen koffieroom.

Julia geniet van haar koffie. Ze eet een appel, eigenlijk het ontbijt van Louis, maar ja, zonder tanden ...

De werkelijkheid springt haar in de ogen. „Louis, medicatie."

Daarna belt hij de verpleging, ze ,mogen' komen om zijn wond te verzorgen.

Julia vertrekt, hier zijn verpleegsters genoeg, eindelijk kan ze eens buiten.

Louis' geboortestad. De houten poort door, rechtsaf. Iets verderop bevindt zich een supermarkt die alle dagen open is, ook op zondag.

Inkopen doen. Bier, kippenvleugels (om bouillon te maken), kruidnagel, rode ui, kurkuma, zwarte peper, gember, rozemarijn, tijm, geen laurier (Louis verdraagt het niet meer), een vers muntplantje (voor op de vensterbank, kruidenthee), Griekse yoghurt (10 % vet), tomatensap en brood voor Julia. Meteen na het afrekenen, verlaat ze de winkel en keert op haar schreden terug naar het ziekenhuis.

14 uur.

Boven in de keuken maakt Julia voorbereidingen om kippenbouillon te trekken.

Alle ingrediënten in een pot, onder water zetten, tegen kookpunt brengen, gedeeltelijk afsluiten, het vuur op de laagste stand zetten, een paar uur gerust laten en ze hebben eten. Dampkap niet vergeten; het aroma zou meerderen trek kunnen doen krijgen, helaas is de infrastructuur daar niet toereikend voor.

De overige boodschappen verdwijnen in de koelkast, op de kleine halve legger, bestemd voor kamer 402.

Ziekenhuisbouillon giet ze weg in de gootsteen; plaats maken voor kwaliteit.

In zijn kamer speelt Louis met de afstandsbediening van zijn bed, alle mogelijke standen probeert hij uit en eindigt als een belegde sandwich.

Julia, terug op het slagveld, bevrijdt hem uit de hachelijke situatie via het hoofdbedieningspaneel aan Louis' voeteneind.

Op zondagen vallen ze hem minder lastig.

Geen vrijwilligers, geen poetsvrouw ... en geen dokter.

Prachtig, rustig.

Alleen een paar verpleegsters, die kan hij wel aan.

Als ze naar hem luisteren, wil hij er zelfs naar glimlachen.

Betoverend, met ondeugende lichtjes in zijn ogen.

Sereen verstrijkt de tijd. De werf ligt stil. Beetje slapen.

Julia bekommert zich na een paar uur verder over de kippenbouillon, niet afschuimen, alle vet erin laten voor Louis. Na het passeren van de bouillon, een liaison (eierdooier en volle room geklutst) er onder, de ,plat de résistance' kan geserveerd worden. In Louis zijn gehavende keelgat verdwijnt langzaam maar zeker een halve liter van het warme brouwsel. Voldaan vouwt hij zijn handen en steekt ze als een overwinnaar in de lucht.

„He did it again."

Op.

Blij dat er een keuken is.

De dag loopt ten einde.

Tijd voor een Chimay Tripel en, bij afwezigheid van bouwmateriaal, wat televisie kijken.

22 uur.

Wissel van de wacht.
Het a capellaconcert kan beginnen.
De waakstand van de kamer wordt opgeheven.
Slapen.

1000ml vocht, 650 kcal.

Maandag, 11 april 2022

De rust van het weekendregime ebt weg.

Vandaag wint de poetsvrouw.
Als eerste soldaat, met dweil in de aanslag, klopt ze op de deur.

„Binnen," zucht Louis.
Zichtbaar opgelucht bij het verschijnen van het sprekend weerbericht.

9 uur.

Het uitgebreide ochtendritueel begint vertrouwd te worden.
Voor beide partijen.
Verpleegsters komen, Louis dirigeert.
„Even uw morfinepleister vervangen, datum erop. Als er iets is, bel maar; dag Louis, tot straks."

De vriendelijke stem sterft weg.

Vers druivensap, medicatie, de dag is gelanceerd.
Louis, ondertussen volleerd bestuurder van zijn eigen bed, legt zijn voeten wat hoger en richt zijn rug wat rechter.
Buiten klimt de kraanman op zijn monument, het leven herneemt.

Er ontbreken nog een paar spullen om hun verblijf zo comfortabel mogelijk te maken.

Julia trekt naar huis.
Eigenhandig getrokken maceraat van rozemarijn op olie, tafelspiegeltje, scheerapparaat, rozenwater, dvd-speler, films, fotocamera, blauwwit geruite pyjama, Louis' schors-zalf, echte saffraan ...

Diep nadenkend. Wat vergeten we nog?

Familie.

De grot van Plato kan niet eeuwig verborgen blijven.
Met gsm in de hand begeeft ze zich naar buiten en neemt contact op met haar vader.
Zo kort mogelijk doet ze het relaas van de laatste tien dagen.
De onomkeerbaarheid van de situatie dringt volledig door aan de andere kant van de lijn, een zacht gesnik ontsnapt. Onmiddellijk gevolgd door de belofte aanstaande vrijdag langs te komen.
Zonder tegenbericht.
„Kunnen we iets meebrengen?" vervolgt Louis' schoonvader.
„Mondmaskers (ziekenhuis), ... en bier, tot later," beëindigt Julia het gesprek.

De eerste postduif is gevlogen.
Ze ademt diep in en uit. Bij de voordeur van de buurman staat Serge ... Daar gaat het leven verder, sinds een jaar woont zijn bejaarde moeder bij hem in, met noodzakelijke thuiszorg.
Serge informeert naar Louis. „Doe hem de groetjes, ook van mama."
Maar hij voegt er niet aan toe dat hij snel naar huis moet komen.
De houdbaarheidsdatum is overschreden.
Nog vlug de brievenbus controleren. De vuilniszak twee dagen te vroeg buiten zetten, ze ging er niet extra voor terugkomen. Deur toe.

25 kilometer verderop.

Louis had een dokter ontvangen. Het bleef tenslotte een ziekenhuis, geen werf.

Er werd hem uitleg verschaft, dat apprecieerde hij.

Zijn tumorale wonde zou vanaf nu met xylocaïne-adrenaline gekalmeerd worden.

Louis stemde toe, zijn gezwel ook.

De kolkende vulkaan veranderde in een kabbelend beekje.

18 uur.

Als muildier vermomd stapt Julia de kamer terug in.

De dvd-speler wordt aan het televisietoestel bevestigd. Louis springt recht, de kabels moeten juist liggen.

De steriele sfeer verdwijnt meer en meer op de achtergrond.

Een soepje, koffie met volle melk, de vertrouwde aanblik van een Italiaanse detective op het scherm – bijna zo goed als thuis, daar gebeurde de laatste tijd ook niet veel meer dan dit.

De Chimay niet vergeten, ontspannend, een heropflakkering.

Alles dichtbij, beter zo.

1700 ml, 1034 kcal.

De nacht wordt bezongen, in een Afrikaans volkslied.

Dinsdag, 12 april 2022

8 uur.

Wakker worden, drinken, soep, een fris laken, verse pyjama, poetsvrouw, dokter, verpleegsters ...

Kortom, routine.

Tijdloosheid.

De klok tikt verder.

Klop. Klop.

Louis vraagt zich af wie hij gemist heeft.
De vrijwilligers komen niet meer, op zijn nadrukkelijk verzoek.

„Ja," verzucht Louis.

Een nieuw gegeven wandelt binnen.
Zijn favoriete, de diëtiste.
Het water loopt hem ,uit' de mond.

De vrouw doet haar uiterste best.
Voorstel na voorstel verdwijnt onder tafel.
Alles klinkt vertrouwd, vergoten en vloeibaar.
Toch tovert ze een wit konijn uit haar laptop. Een met eiwitten
verrijkt vruchtensapje, calorieën. Louis pakt op slag zijn bestek
vast en legt het weer weg.
„Laat maar komen, dat hebben we nog niet gehad." Maar zo
goed zal het niet wezen.
Na deze Pyrrusoverwinning informeert ze of ze nog iets kan
doen.
Julia, als het dan toch over haar winkel gaat, stelt de vraag zon-
der verwachting: „Is er misschien een sap-persapparaat ergens
in het hospitaal?"
De diëtiste denkt na, loopt de gangen af in gedachten. „Ja, volgens mij staat er zoiets in de centrale grootkeuken, éénmaal
gebruikt. Als ik het vind, laat ik het overbrengen."
„Dank u," antwoordt Julia.
Haar vol verbazing aanstarend.

Voldaan van haar onverwachte succes laat de vrouw hen achter.

Twee uur later treft Julia in de keuken identiek hetzelfde appa-
raat aan zoals bij haar thuis.

Halve kilo rode druiven erin; Dionysus is verzadigd.

De avond verloopt gelijkaardig zoals die van gisteren.

1385 ml, 920 kcal. Goede dag.

Woensdag, 13 april 2022

Alles verloopt volgens een inmiddels vertrouwd, voorspelbaar patroon.

Uitgezonderd het wekelijkse schouwspel, het bijpompen van Louis' bed.
Niet zozeer zijn bed, doch wel de met lucht gevulde matras.
Doorligwonden.

1230 ml, 870 kcal.

Donderdag, 14 april 2022

Witte Donderdag.
1000 ml, 675 kcal.

Vrijdag, 15 april 2022

Goede Vrijdag. Beter dan de vorige.

Eén week in het ziekenhuis. Routine.

11 uur.

Verpleegster Marianne brengt een rood bloempje, in een grijs vaasje.

Voor Louis zijn mooie ogen of ... omdat het paasweekend begint.
Louis denkt dat ze verliefd op hem is.
Het breekbare vaasje aannemend, ruikt hij aan het bloempje en
kijkt haar dankbaar aan.

Geef hem nog een doorbraakdosis.
Iedereen gelukkig.
Behalve Julia.

14 uur.

Klop. Klop.

Het eerste teken dat er ergens nog een planeet bestaat, extern bezoek.
Louis' schoonvader en diens vriendin betreden schoorvoetend
de kamer, niet zeker wat ze zullen aantreffen. Bier hadden ze bij
zich, zes flesjes Orval. Dank u.
Hun mondmaskers waren ze vergeten, geen probleem, Marianne
stond paraat aan de liftdeur.

Virussen mochten het weinige leven niet verstoren.

Iedereen iets te drinken, een portie fijngesneden abdijkaas erbij,
pa en vriendin geïnstalleerd op de twee blauwe stoelen. Recht
in het vizier van Louis.
Perfect gezellig ... Wat deden ze hier eigenlijk?
Oh ja, het interne netwerk van Louis is nogal eigenzinnig aan
het werk. Vooral afgesproken tijdstippen werden niet meer ge-
respecteerd, daarom is een staat van permanentie vereist.

Waar spraken ze thuis alweer over met deze mensen? Het weer,
de files, het interieur ... Dat zal hier ook wel lukken.
Ze blijven op de kamer. Louis zit er goed.
Al een ganse week.
Plotseling kondigt Louis aan: „Onze buurman komt naar be-
neden, Bol, kijk."

Schoonvader en zijn vriendin vrezen het ergste. Louis is zijn verstand aan het verliezen.

Louis blijft wijzen naar het raam. Daar komt hij … de kraanman. Wat een opluchting.

Na deze verademing legt Louis een nieuw vraagstuk voor aan de groep.

„Kan er iemand verstelwerk doen?" Zijn broekspijpen flapperen teveel rond zijn dunne benen.

Hij wordt minder, zijn broek steeds meer. Helaas beschikt niemand over de gevraagde vaardigheden.

„Zet er dan maar drukknoppen aan, Julia," zucht Louis.

Julia ziet het niet zitten, maar geeft bevestigend antwoord: „Ja, Louis, morgen."

Ze nemen afscheid.

Bij leven en welzijn, tot binnen veertien dagen.

Het leven blijft nog hangen, het welzijn iets minder.

980 ml, 920 kcal.

Zaterdag, 16 april 2022

Stille Zaterdag.

Op één bezoek na, dr. Van Pelsen, de stilste van de collectie, is het een stille zaterdag.

1130 ml, 800 kcal.

Zondag, 17 april 2022

Vrolijk Pasen. Chocolade-eieren.

1300 ml, 900 kcal.

Maandag, 18 april 2022

Paasmaandag.

1000 ml, 500 kcal!

De herrijzenis begint zich af te wenden.
Dagen teren weg.

Dinsdag, 19 april 2022

8 uur.

De feestdagen zijn voorbij.

Het ochtendritueel gaat zijn gewone gang.

Julia, vastgeroest na drie dagen aan Louis' bed te kamperen,
begeeft zich naar de kapper.
Een minimale vorm van ontspanning. In een stoel met ingebouw-
de massagefunctie, wast en masseert een vrouwelijke man haar
haar en hoofd. Ze kennen elkaar van vroeger in het restaurant
waar Julia, in een vorig leven, werkte. Voor zover mogelijk in
twintig minuten, vertellen ze om beurten wat er in hun leven
gebeurd is, de laatste twee jaar.
Goedkoper en effectiever dan de meeste psychiatrische consul-
ten, verlaat Julia ontspannen de kapperszaak.
Weer op weg naar het treinstation.
Ze gaat naar huis. Controle brievenbus, warm bad ...

Aan de voordeur ziet ze dr. Dirk buiten komen bij de buren.
Deze informeert naar Louis' toestand.
Julia vraagt hem of het nog te overwegen valt hem naar huis
te laten komen.
De dagen duren zo lang.

Dr. Dirk: „Vraagt hij daar zelf achter?"
Julia: „Nee, voorlopig niet."
Dr. Dirk: „Wil je hier blijven wonen?"
Julia: „Ja, waarschijnlijk wel." Ze bekijkt hem met een vreemde blik.
Dr. Dirk (bijna bevelend): „Hou hem daar, je weet niet wat je je op de hals haalt." (In dit geval letterlijk.)

Een kort, maar duidelijk gesprek.
Nu nog opvolgen.

Julia gaat haar huis binnen, proper, verder naar het terras waar ze de planten water geeft; ze controleert de brievenbus, beklimt de beukenhouten trap, neemt een bad.
Even later, terug in de woonkamer, ziet ze op haar gsm zes gemiste oproepen, allemaal van Louis.

Wat was dit? Hij lag toch veilig in het ziekenhuis?
Ze belt hem, geen antwoord.

In allerijl spoedt ze zich terug naar Louis.
Boven, met forse tred de gang in, kamer 402.
Vlug zwaait ze de deur open, maar bij de aanblik van de recht naar haar starende Louis, bevriezen haar bewegingen.

„Bollie!? ... Het schijnt dat ik dood ga.
Wie denkt daar nu aan ..."

Nog slechts veertig kilogram mens,
keek me aan met grote ogen,
wachtend op een ontkrachting,
van het besef,
dat zojuist,
tot hem was doorgedrongen.
Helaas, er bleef niets anders over,
te bevestigen,
wat ik reeds lang wist.

Julia gaat buiten.
Het wordt haar te machtig.
Dr. Van Hemelrijck wandelt voorbij.
Julia houdt haar tegen.
Ze kijken elkaar recht in de ogen. Vertaling is onnodig.
De dokter voert haar mee naar de stille ruimte en sluit de deur.
Tranen stromen over Julia's gezicht.

Al snikkend richt ze zich tot de dokter: „Hoe hebt u dit gedaan?
Eindelijk na zes maand en half heeft hij het begrepen."
„Ik heb hem duidelijk herhaald dat hij niet meer zal genezen,"
antwoordt ze kalm.
„Bedankt, om de juiste woorden gevonden te hebben."
De waanzin, ingehaald door de realiteit.

Ze voelt zich als een schildpad die in een haas verandert.

Dr. Van Hemelrijck voegt eraan toe: „We zullen nu ook vlug met
een pompje beginnen. Morfine. Het is duidelijk dat hij pijn heeft.
Maar hij zegt nooit iets."
Julia verwerkt de informatie razendsnel.
„Zijn twee broers weten niets ... corona. Het was een ideale dek-
mantel voor Louis' ontkenningen ... geweest."

Ze sleept zich traag voort naar kamer 402, ijl van binnen.
In de kast neemt ze de fles rozemarijnolie, masseert zijn dunne beentjes en armen om het bloed nog even in beweging te
houden.
De gordijnen gaan toe.

„Vandaag geen soep," deelt Louis haar mee.
„Chimay Tripel."
Beter al drinkend ten onder gaan, als het dan toch moet.

Ze drinken en zwijgen.
Het onafwendbare kruipt dichterbij.

1250 ml, 755 kcal.

Beter dan gisteren.
Vier seizoenen in één dag. Opwarming van de aarde ...?

Woensdag, 20 april 2022

De voormiddag verloopt volgens vertrouwd patroon.

15 uur.

Installatie van de pomp. Morfine.
Nog een gaatje in zijn lijfje. Een toevoerslang wordt geïnstalleerd in zijn been. Hierdoor vloeit een dagelijkse dosis morfine verspreid over 24 uur. Een vooraf opgetrokken spuit en een batterij worden in een doorzichtig plastic doosje ingeplant.
Van nu af aan moet Louis eraan denken, wanneer hij begint rond te springen, dat hij zijn doosje niet vergeet, want het hangt aan zijn lijf.
Bijkomend voordeel; de pijn lijkt beter onder controle.

's Nachts keert de zingende verpleegster terug.
Haar gezang is aangenaam.
Haar preek over God en Jezus minder, die twee kunnen we missen als kiespijn.
Even tolereren, waarschijnlijk zijn haar bedoelingen goed. Maar van bedoelingen alleen wordt men niet beter.
Alvorens ze de kamer verlaat, controleert ze nog even Louis' pomp. Geen occlusie, batterij, aansluiting lekt niet, alles oké.
Ineens haalt ze een papier tevoorschijn. „Een liefdesbrief," zegt ze. Devoot dwaalt ze de gang in.

Julia besteedt er op dat moment geen aandacht aan.

800 ml, 520 kcal. Een daling.

Donderdag, 21 april 2022

Dagelijkse routine voltrekt zich.

Louis tuurt naar buiten. „Kijk, onze buurman is daar weer.”
Julia denkt in eerste instantie aan de verhoogde dosis morfine,
maar wordt gerustgesteld als de kraanman naar beneden klimt.

Louis is nog alert.

15.30 uur.

Het vooralarm van de pomp piept, driemaal.

Twintig minuten later komt een verpleegster binnen met een
nieuwe spuit en reservebatterij in de aanslag.
Louis richt zich tot de verpleegster: „Het bed is te hard, er doet
iets pijn aan mijn onderrug.”
Ze inspecteert Louis' achterzijde, een rode afdruk, een plooi in
zijn onderlaken.
De matras was gisteren niet bijgepompt.
Zijn gewicht ook niet.
„Oppompen en ik zal er een border (stootkussen bij gebrek aan
vetlaag) op kleven,” zegt ze met zachte stem. Datum erop schrijven, goed voor één week.

Julia leest het papier van de nachtverpleegster.
Braakneigingen komen bij haar op: citaten uit de bijbel.
Dit doet de deur dicht, haar geduld is op.
Ze vliegt de gang in en botst bijna op Eleni. Deze vangt haar op.
„Wat scheelt er?” vraagt ze rustig.
Julia laat haar het papier zien.
Eleni lacht in stilte en repliceert: „Bij mij doet ze dat niet meer,
ze weet dat het verboden is. Zal ik het weggooien?”
„Nee,” antwoordt Julia, „ik houd het bij me, tot ze terugkomt.
Ik zal haar zelf wel uitleggen wat atheïsme is of op zijn minst

agnosticisme. En van mijn handdoeken mag ze ook afblijven. Kan ik nog iets overhouden in mijn leven."

Avond.

Kleine portie soep, kruidenthee, lychee-sap, Chimay wit, dvd.

Gordijnen toe.

780 ml, 475 kcal.

Vrijdag, 22 april 2022

Twee weken op de afdeling, gevoelstemperatuur: twee jaar.

Routine.

Louis observeert verpleegster Martine, wijst plotseling naar haar en vraagt met gedempte stem aan Julia: „Is dat de vijand?" Julia bekijkt hem bezorgd en antwoordt: „Nee, Louis, dat is Martine; die staat aan onze kant."

De pijn is duidelijk onder controle.

15.30 uur.

Vooralarm.
Zijn aansluiting verplaatsen, infectiegevaar. Oké ... in de rechterarm zit zijn slotje voor doorbraakdosissen. Liever niet meer in zijn been. Blijft over: de linkerarm.

Greta vraagt Louis of hij al naar het toilet geweest is.
„Nee," antwoordt hij.
„Dan gaan we toch even controleren of er geen urineretentie is," deelt ze mee.

De bladderscan, een voorhistorisch monstertje op wielen, nadert zijn bed. Dit hadden ze nog niet gehad. Voor alles is een eerste keer, soms ook een laatste. Gel en een scanbekje op Louis' buik. Hij zou toch niet zwanger zijn? Vol argwaan volgt hij de actie. Greta vertelt Louis dat het op het randje is: zijn blaas bevat opgehouden urine.

Ze besluiten een blaassonde te steken waar aan het einde, nog maar eens een slang, een zak hangt met een hangertje, zodoende kan dit aan de zijkant van zijn bed hangen.

200 ml urine loopt in de zak. Te veel?

Louis denkt bij zichzelf: misschien was het toch de vijand.

860 ml, 450 kcal.

Op het nieuws kondigt men het overlijden van zanger Arno aan. Hij had zijn ziekte aanvaard, beweerde hij in een eerder interview. Dat kon men van Louis niet zeggen: de ziekte had Louis aanvaard, toch voor even …

Die nacht doen ze geen oog dicht.
Louis wil de ganse tijd naar het toilet gaan.
In zijn duivelse passie springt hij uit bed, waardoor de slangen van zijn blaassonde, de afstandsbediening van zijn bed en de morfinepomp zich vervlechten tot een onontwarbaar kluwen. Na een macabere dans met alle eraan vastzittende stukken, bevrijdt Julia Louis uit zijn web.

Ze bellen de nachtverpleger.
Julia smeekt hem of die sonde er niet uit mag, dit is geen doen. Louis is nog veel te levend en hij gaat zelf naar het toilet.
De nachtverpleger antwoordt: „Dat mag ik nu niet doen, ik ben hier helemaal alleen. Trouwens, ze zit er nu, is het niet beter dat u eraan went? Zal ik u een Dormicum (slaapmiddel om een paard binnen de minuut neer te leggen) geven, Louis?"

Dat was het verkeerde voorstel. Het was begrijpelijk dat hij niet alleen mocht handelen, maar als hij dacht dat alles op te lossen was met een Dormicum ...

Julia vliegt uit tegen de jonge nachtverpleger: „Eruit met uw Dormicum, hij slaapt al genoeg. Vertrek maar naar Somalië, als dat uw oplossing is ..."

Hierop verdedigt de nachtverpleger zich: „Uw toon staat mij niet aan."

Waarop Julia terugkaatst: „En gij staat mij niet aan. Dag."

Na een paar uur – sommigen denken iets langzamer – komt de nachtverpleger uit zichzelf terug, controleert Louis' blaas met de scanner en komt tot de conclusie dat ze leeg is. (Ja, er zit een sonde in ...)

„Ik zal doorgeven dat ze er morgenvroeg mag uitgehaald worden."

„Bedankt," repliceert Julia koel, „en die zaklantaarn mag naar de grond schijnen."

Zaterdag, 23 april 2022

8.30 uur.

Julia verlaat de kamer. Ze zoekt de verpleegster die de linkerkant van de gang voor haar rekening neemt. Oef, het is Nicole, stelt ze met een gerust hart vast. Ze trekt de aandacht van Nicole: „Kan je hem alstublieft van die sonde verlossen?" Nicole volgt onmiddellijk en voert de handeling uit, op minder dan twee minuten is hij terug ‚vrij'.

Een zichtbaar opgeluchte Louis kijkt Nicole dankbaar aan. Ze beginnen een gesprek over reizen en de wereld.

Waar heeft hij toch allemaal niet gezeten in zijn leven ... Met Nicole kan hij praten op een normale manier, bovendien is ze blijkbaar opgegroeid achter de brouwerij van Duvel, een pluspunt.

Ondertussen is Julia buiten boodschappen aan het doen.

Verse kant-en-klare soep, haar zelfgemaakte bouillon gaat er niet meer in bij Louis. Aspergesoep vandaag. Veel eten doet hij niet, 80ml.

In de loop van de dag nog een beetje volle melk, lychee-sap, kruidenthee en 's avonds nog zestien slokken Chimay Tripel, telt hijzelf, een vol glas haalt hij niet meer.

740 ml, 400 kcal.

Zondag, 24 april 2022

Voormiddag, routine.

Namiddag, bezoek.
De moeder van Julia, haar broer en schoonzus. Drie is er één te veel, maximum twee personen toegelaten, wegens COVID. Ze wisselen af. Ze zijn wel met drie in dezelfde auto gekomen. In Louis zijn nobele woorden: „Ik kan ze het niet ontzeggen." Maar zich echt interesseren voor deze mensen deed hij niet. Julia ook niet. Ander verhaal.
Maar goed, de dag was gebroken. Het viel wel mee.

15.30 uur.

Vooralarm morfinepomp.
Stagiaire Thelma komt langs met een nieuwe spuit en reserve-batterij.

Avond zoals gewoonlijk.

1270 ml, 850 kcal. Redelijk, gezien de omstandigheden.

25 april 2022

Louis vraagt om zijn schildklierpil te verbrijzelen: hij slikt het niet meer, dysfagie.

Ook legt hij zijn bovengebit weg, het doet pijn en hij vraagt een spuwbakje. Hij krijgt een mooi paars plastic badje, dit houdt hij bij zich tot de laatste dag. Zijn mond is te klein geworden en zijn kaaksbeen staat helemaal schuin. „Het groeit steeds verder ..."

Warme saffraanmelk, dat bevalt hem momenteel het beste; soep was te agressief van smaak geworden. Verder die dag drinkt hij nog kruidenthee, water, lycheesap en één slokje trappistenbier ...

Louis stopt met bier drinken. Het begin van het einde kondigt zich aan.

Julia gaat naar huis en terug.

800ml, 270 kcal.

Nacht.

Dinsdag 26 april tot donderdag 28 april 2022 verlopen gelijkaardig

Zijn calorie-inname daalt drastisch: 640, 155, 160 ...
Verpleegster Marianne houdt Julia tegen in de gang.
„Hij gaat snel achteruit en zijn knieën zien blauw, geen goed teken," stelt ze haar op de hoogte. Julia kijkt haar ernstig aan.
„Hoe lang nog?" krijgt ze eruit op fluistertoon.
Alsof men met gedempte stem de realiteit kan vertragen.
Marianne antwoordt rustig: „Dat kan nog een paar dagen duren."
Julia slikt hoorbaar.

Avond.

Louis zit in de relaxzetel met een zacht dekentje rond hem gedrapeerd, juist een Romeinse keizer. Zijn linkerhand ondersteunt zijn hoofd dat te zwaar weegt voor zijn half opgegeten hals.
Naast hem staat een onaangeroerd glas trappistenbier.

Hij denkt na.
Waaraan?
Uitzichtloosheid?

350ml, 160 kcal.

Vrijdag, 29 april 2022

Louis klaagt over droge ogen. Te weinig vocht. Verpleegster Ingrid heeft de oplossing: ,Kunsttranen.'
Na de middag arriveren zijn tranen. Verfrissend.
Vier maal per dag krijgt hij tranen toegediend; zelf heeft hij er nog niet veel vergoten.
Toch niet in bijzijn van iemand anders.
Julia daarentegen stelt voor die van haar te bottelen.

Vriend Robert belt of het past om Louis te bezoeken. Julia brengt de boodschap over aan Louis. Deze antwoordt laconiek: „Nu niet, mijn broek is nog altijd niet versteld."
Familie kon hij ontvangen in kleren die niet meer pasten, maar een goede vriend? Dat ging zijn eer te boven.

Robert zal hem nooit meer zien.

Julia begeeft zich huiswaarts.
Aan de voordeur van de buren treft ze Lea aan. Deze informeert naar Louis.
„Het zou beter zijn als hij in coma zou vallen ..." zegt ze.
Julia antwoordt twijfelachtig, „Ja, misschien wel."

Avond.

Drie weken zijn voorbij. Die kunnen ze niet meer afpakken.

670ml, min 100ml teruggegeven, 155 kcal.

Nacht.

Zaterdag, 30 april 2022

Routine.

Bezoek van dr. Van Pelsen. Zaterdagdienst.
„Hoe gaat het, Louis? En met de pijn?" stelt hij altijd dezelfde vragen aan Louis.
Louis antwoordt met stille stem: „Het gaat wel."
Julia richt zich tot dr. Van Pelsen: „Dokter, er is warmer weer voorspeld en het is hier al zo benauwd."
Dokter Van Pelsen denkt na, draait zich om en opent het linker raam waarop een slot staat (dit moet normaal vergrendeld zijn).
„Zo kan er toch wat lucht bewegen," antwoordt hij.
„En ergens staan er ventilators in een opslagplaats, ik zal er eens achter horen."
Een open raam zonder hor, morfine à volonté, misschien toch niet ideaal.
De slogan is hier: „Wij vertragen uw dood niet, maar versnellen ze ook niet."

Louis zijn blauwe knieën verdwijnen terug, tegen alle voorspellingen in.

800ml, 485 kcal. Een kleine stijging.

Zondag, 1 mei 2022

Dag van de arbeid.

Routine dan maar, er moet gewerkt worden.

Normaal werkt Julia altijd op 1 mei: horeca.
Nu reeds voor de derde maal op rij niet.
Twee lockdowns, COVID.
En al zes maanden dag en nacht bij Louis. Mantelzorg. Vrijwillig.

Julia heeft honger. Alle dagen een stuk fruit, rauwkost en kaas:
het begint eentonig te worden.
Ze wil warm eten, of iets dat erop lijkt.
De verpleging ook. 17 uur. De frituur, in dezelfde straat als het
ziekenhuis, opent. Julia haalt voor drie personen eten, op voor-
hand de bestelling genoteerd.
Samen met de twee verpleegsters eet ze vettige frieten in de living.
Bijna een menselijk moment.

Louis slaapt verder.

525ml, 280 kcal.

Maandag, 2 mei 2022

Routine.

Verpleegster Rosita luistert aandachtig naar richtlijnen van
Julia, om Louis' wondzorg zo pijnloos mogelijk uit te voeren.
Na twee jaar ervaring met deze wond weet ze er wel iets over.

De opgeborgen ventilators komen voor de dag. Het raam gaat
terug op slot. Verfrissend.

Louis geniet voor zover mogelijk van de luchtbeweging, massage, oogdruppels, zijn kraan, muziek, dvd ...
Zijn wereld wordt kleiner en kleiner, maar er is nog iets over.

Nacht.

De zingende verpleegster is terug.
Julia retourneert haar de tekst met citaten uit de bijbel die ze bewaard had en zegt haar glimlachend, „Je had iets vergeten vorige keer."

Julia vindt een nota van Louis, in slordig handschrift, morfine waarschijnlijk: „Wanneer ik lang lig, slaap ik."

Dr. Van Hemelrijck verstond hem ook niet goed vandaag. Julia vraagt haar voorzichtig te zijn met overhaaste conclusies. Toen Louis nog niet ziek was, begrepen de meeste mensen hem ook niet. En gezichten heeft hij nooit goed kunnen onthouden. „Zijn hersenen dienden voor iets anders," zei Louis altijd.

425ml, 130 kcal.

Dinsdag, 3 mei 2022

14 uur.

Julia deelt Louis mee dat ze nog smallere kleren voor hem gaat zoeken.
Plots staat Louis recht.
„Ik ga mee," zegt hij.
Julia vraagt ter bevestiging, „Naar buiten?"
„Ja," antwoordt hij.
Goed. Ze bellen de verpleegster. „Een rolstoel alstublieft, Louis wil naar buiten." Na drie weken en een half op zijn kamer te hebben doorgebracht. De rolstoel rijdt voor, Julia legt er een extra kussen

in. Louis' jas aandoen, zijn morfinepomp door zijn mouw, Louis zet
zich erin en rijdt zichzelf voort met zijn handen op de wielen. Het
verplichte mondmasker bindt hij zelf achteraan zijn hoofd vast.
Eerst verkent hij de verdieping waar zijn kamer zich bevindt: de
living, de keuken, de verpleegpost ... Iedereen bekijkt hem vol
verbazing, waardoor niemand er aan denkt om verzekeringsformulieren te laten ondertekenen.

Nu naar buiten. De lift in, gelijkvloers. Julia neemt de besturing
over eens ze buiten zijn.
Door de houten poort, op het voetpad linksaf, richting Groot
Begijnhof.
Rond de kerk rijden, dit doet Louis zelf, hij zet zich stil en kijkt
rond. Wijst naar de overkant van de straat, „Daar woonde onze
bevriende fotograaf ..." Aanschouwt kort de grote glasramen van
de kerk, rijdt er verder rond en langs de andere kant weer omlaag.
Hij wordt moe. Ze keren terug, Julia aan het stuur, nog een steile
berg omhoog, daar is de hemelpoort weer ...
Een blik werpen op de binnenplaats van het ziekenhuis, een
beetje water drinken op een bank en naar boven.
Dat was het dan.
Louis gaat slapen.
Moe.
De buitenwereld nam al afscheid.

Om 22 uur opent hij zijn ogen terug.
Julia begint over deze mooie dag te praten ... Louis herinnert
zich niets meer.

Morfine, tumor, uitdroging ...

Geen data genoteerd.

Nacht.

Woensdag, 4 mei 2022

Routine. Matras opblazen.

Louis slaapt en denkt.

Julia had de temperatuur nagemeten van de kleine frigo op de kamer, 16 °C, dat is niet in orde. Ze meldt het aan de verpleging. Slechts een paar uur later wordt er een nieuwe frigo voorgereden door de technische dienst.

Julia gaat over en weer naar huis.

Nacht.

1200ml, 465 kcal.

Donderdag, 5 mei 2022

Ochtendroutine.

Wegens de ouderdom van het gebouw waarin ze zich bevinden, rammelt de deur van de kamer als er veel wind staat.
Vandaag heeft verpleegster Greta stootdopjes meegebracht. Louis voelt zich geroepen, eindelijk iets technisch, hoe klein ook. Hij springt uit bed: „Ik zal ze zelf wel kleven," probeert hij hen toe te roepen, maar zijn evenwichtsstoornissen verhinderen hem zo snel te bewegen als zijn geest hem opdraagt.
Dan maar dirigeren op afstand.
Het resultaat is rustgevend.

15.30 uur.

Morfinepomp.

Avond.

Louis heeft last.
Zijn keel staat in brand en hij heeft het warm. Van nu af aan
wil hij overal ijsblokken in, ook in zijn plastic kom, die hij onder
andere gebruikt om zichzelf te wassen. Julia vult extra ijsblok-
vormpjes om aan de toegenomen vraag te beantwoorden.
Van 's morgens tot 's avonds vraagt Louis ijs, ijs, ijs, ... En brui-
send water, ijskoud, om zijn slijmen los te maken.

Zijn voedselinname gaat snel achteruit.

450ml, 100 kcal.

Vrijdag, 6 mei 2022

Routine. Nieuwe border, nieuwe morfinepleister. Wassen met
ijswater. Massage. Oogdruppels. Medicatie.

Louis drinkt ijsmelk, geeft een paar slokjes aan zijn plastic bakje.
Toch een paar slijmen weg.

Julia verveelt zich, de fase van het koken voor Louis is zo goed
als voorbij; alles moet toch ijskoud zijn. Dan maar wat creatief
bezig zijn terwijl hij slaapt. Ze trekt zich terug in de keuken en
bakt bladerdeegkoekjes voor de verpleging. Ze voert een gesprek
met Eleni.
„Gaat het een beetje?"
„Ja ... en nee."
„Het is dubbel, hé?"
Julia verbetert haar: „Meer een zevenkoppige hydra. Alles is
hier dubbel."

Avond.

Een beetje soep en wat bier voor Louis.

21 uur.

Julia begeeft zich naar de living om een film over de Inca's te zien.
Louis wil slapen.

22 uur.

Louis staat in de living, morfinepomp in de hand.
Als een wankelend stokstaartje in de woestijn.
„Bol, gij zijt gaan lopen."
„Nee Louis, gij wou slapen, ik heb u verteld dat ik hier zou kijken."
„Ik blijf ook hier in de zetel, Bol, bruiswater ..."
„Natuurlijk, Louis."

Twee kussens langs elke kant, één er onder. Verankerd.
De Inca's dringen verder door in het oerwoud om hun gifpijlen af te schieten.

24 uur

Samen schuifelen ze terug naar kamer 402.

970ml, 505 kcal.

Zaterdag, 7 mei 2022

Routine.

Slapen.

Avond.

Louis wil terug in de living zitten.
Veiligheidshalve haalt Julia een rolstoel.
Samen zitten ze daar in de geacclimatiseerde ruimte. Achter het raam, de oude gebouwen van zijn stad en de lichtjes van zijn ziekenhuis, op de berg.

Louis bestudeert een stripverhaal van Urbanus en lacht.

„IJswater, Julia."

575ml, 320 kcal.

Zondag, 8 mei 2022

Een maand op de afdeling.

Routine. Spoelen poortkatheter.

Vandaag, de verjaardag van Julia's grootmoeder, 97 jaar, slechts in leven om te wachten op Louis.

Louis kijkt Julia ernstig aan.
„Hoe lang moeten we hier nog blijven?"

Julia zwijgt.

Dit wordt hard.
Haar hart is niet van steen.
Ook al had haar buurman aangeraden het er van te maken.

Ze ontwijkt de netelige kwestie en herinnert Louis eraan dat het stilaan tijd wordt om zijn broer op de hoogte te brengen van de laatste twee à drie jaar.
„Oké, ik zal hem bellen," hij geeft zijn gsm aan Julia: „Zoek jij het nummer op."

Julia doet dit en geeft het toestel terug aan Louis. Deze begint te spreken.

„Eric, ik lig op sterven ..." Meer verstaanbare woorden komen er niet uit.

Louis geeft het toestel aan Julia. Deze neemt het gesprek over, geeft een korte samenvatting, haar snikken onderdrukkend.

Eric zal zondag komen en verwittigt Bert, Louis' jongste broer.

's Nachts spreekt Louis met de zingende verpleegster, over zijn wens naar huis te keren.

Zij laat uitschijnen dat dit misschien mogelijk is. Zo niet voor langere tijd, dan misschien met de ,wensambulance'.

Louis antwoordt haar: „Ik wens geen ambulance meer, ik wil naar huis."

700ml, 70 kcal.

Maandag, 9 mei 2022

Routine.

Bezoek.
Louis' schoonvader en diens vriendin. Ze gaan naar de living. Juiste posities innemen, Louis hoort links niets meer. Er volgt een twijfelachtig gesprek over Louis' plan. Hierna nemen ze afscheid.

„Tot de volgende keer, Louis, hier of bij u thuis, we zien wel ..."

Dit is hun laatste bezoek aan Louis, bij leven.

Op de kamer.
Bezoek van dr. Van Hemelrijck.

„Hoe gaat het, Louis?"

„Ik wil naar huis."
„Waarom?"
„Ik lig hier maar te liggen. Er gebeurt niets."
„We zullen het bekijken Louis. Hoe denk jij er over, Julia?"

Julia kijkt verbaasd en onzeker.

„Ja ... als u mij zegt wat er moet gebeuren in een noodgeval
(grote slagaderbreuk) en ik kan het leren, misschien kunnen
we dan naar huis."
„Neem eerst al eens contact op met de thuisverpleging en de
huisarts."

De dokter neemt afscheid van Louis.
Julia volgt haar. Tranen stromen.
Julia gebaart dr. Van Hemelrijck dat ze moeten vertragen. Ze
deelt haar mee dat ze pro forma contact met de thuisverplegers
zal nemen, maar de huisarts? Daar past ze voor.
Ze weet het antwoord al.

Hart, rede.
Rood, wit.
Vuur, ijswater.

550ml, 370 kcal.

Dinsdag, 10 mei 2022

Routine.

Avond.

Verpleegster Marianne komt speciaal goedendag wensen. We
moesten maar eens vertrekken.

Woensdag, 11 mei 2022

Julia keert huiswaarts met lood in haar schoenen.
Ze verbouwt een laatste maal het huis, veldbed terug beneden,
verwarming hoger ...
Meer psychologisch dan realistisch. Ze belt Serge.
Het antwoord behoeft geen uitleg: „Dit is geen situatie meer
voor thuisverpleging."
Kort hierna komt ze Lea tegen op straat. Nogmaals legt ze de
toestand uit en voegt er onmiddellijk aan toe dat ze gerust mag
weigeren. Wat beter zou zijn.
Lea laat de optie open, maar deze week staat ze er alleen voor,
dus nu gaat niet.

Tijdwinst. Relatief gezien.

Onderweg naar het station verwittigt Julia Özman.
Louis' beste vriend. Hij komt zo snel mogelijk.

Ze keert terug naar de afdeling.
Ziet dr. Van Hemelrijck, barst in tranen uit en deelt haar mee
dat ze het niet meer alleen doet.
Louis moet daar blijven, maar zij kan het hem niet vertellen.
Voorlopig niet.
Dr. Van Hemelrijck knikt bevestigend en opgelucht dat dit waan-
zinnige plan niet doorgaat.

Louis stond al met één been in het graf.
Julia mocht hem niet volgen.
Hoe graag ze ook zou willen.

600ml, 250 kcal.

Routine.

Louis vraagt Julia hoe het zit met de onderhandelingen om naar huis te gaan.
„Voorlopig niet Louis, Serge is in het buitenland, Lea kan dit niet alleen doen."

Dr. Van Hemelrijck is tijdelijk vertrokken naar elders.

12.30 uur.

De koningin der dokters schrijdt binnen.
Dr. Van de Velde.
Rijzig, kordaat, warm en vrouw.
In haar kielzog, haar schaduw, haar assistente.

„Dag Louis, hoe gaat het met u?"

(Geen woord meer over vertrekken.)

„We gaan vandaag uw poortkatheter terug aankoppelen. Zodoende kunnen we een mogelijke bloeding (de tumor nadert traag maar gestaag de grote slagader) sneller stoppen." (Of andere sedativa toedienen.)

Louis antwoordt laconiek: „Oké, doet u dat maar."

Dr. Van de Velde stapt naar de vensterbank, waarop zich een glazen bokaal bevindt, met een ijzeren zeefje in.
Zich richtend tot Julia: „Wat is dit?"
„Vier rietsuikerklontjes."
„Ja, dat zie ik, maar wat is de filosofie hier achter?"
„Dat wordt speciale kruidenthee."
Julia wijst naar de grond, waar een waterkoker staat te borrelen.

(Brandnetel, verse munt, heermoes, lapacho en vier rietsuikerklontjes.)

Dr. Van de Velde glimlacht en verlaat de kamer, gevolgd door
haar stille schaduw.

17 uur.

Klop. Klop.

Bert komt binnen.
Bij de aanblik van zijn broer weigeren zijn voeten een fractie van
een seconde verder te gaan, maar komen dan terug in beweging.
Tweeënhalf jaar hadden ze elkaar niet meer gezien. 38 kg minder.
Julia geeft hem een biertje. Ze proberen het luchtig te houden.
Wie is de volgende? Louis zal de vijfde van hun lijn zijn, allemaal
‚een' kanker.
Louis' broer belooft dat hij zondag terugkomt samen met broer Eric.
Ook verwittigt Bert, zonder iets te zeggen, een oude school-
vriend van Louis.

Avond.

Louis is een beetje moe. Misschien toch wat te veel emoties in
één dag?
Tevens heeft hij last van zijn enkelband met zijn nummer en barcode.
„Julia, knip hem er eens af."
Ze hangt hem met een magneet aan de koelkast.
Haar rug brandt van het lange stilzitten, elke dag, op een houten
krukje, naast Louis' bed.
Ze neemt een rieten zeteltje op de gang en zet het binnen in
de kamer.

Slapen.

700ml, 360 kcal.

Vrijdag, 13 mei 2022

Schone dag. Vijf weken op de afdeling.
Routine.

Julia vindt een notitie van Louis: „RAL KLEUR IS GEKOZEN
VOOR BUREEL / LICHT KUEUKEN = LICHT BUREEL."
Welk bureel? Welke keuken? Bevinden we ons nog op aarde?

Alsof de wereld iets begint te ruiken, komt er nog een vriend langs.
Veel stiltes, herinneringen, denkend bij zichzelf dat dit Louis
moet zijn, want zijn vrouw zit er naast.

Avond.

Het rieten zeteltje vliegt terug de gang op wegens niet afwasbaar.
Alles kondigt een groot gevaar aan. De grote halsslagader staat
op barsten.
Zijn enkelband moet ook weer aan, er moest eens verwarring
ontstaan over wie eerst sterft.
(Vooral lastig voor de nalatenschap.)

Nacht.

Geen gegevens genoteerd.

Zaterdag, 14 mei 2022

Routine.

Bezoek van Özman.
Verse aardbeien en honing. De tranen staan in zijn ogen. Özman
kijkt rond en denkt bij zichzelf, nog nooit heb ik een vrouw gezien
die weken naast het ziekbed van haar man ligt.
Julia verlaat de kamer en laat ze alleen.

Even later vergezelt ze Özman naar de lift. Deze zegt haar: „Hij beseft wat je gedaan hebt."

Daar vloeien ze weer. De tranen van Julia.
Ze nemen afscheid.
Julia begeeft zich naar de keuken, doet de aardbeien in de sap-persmachine, mengt het sap met volle melk en roomijs ... en ijsblokken.
Louis drinkt.
Aardbeien van zijn beste vriend.

500ml, 90 kcal.

Zondag, 15 mei 2022

Routine.

Louis deelt de verpleegster mee dat zijn rug prikt. Blijkbaar had hij op zijn toevoerslang van de morfinepomp geslapen. Nog een border erbij.

Namiddag.
Louis zijn twee broers komen langs, een half uurtje en hij slaapt.
Moe, emotioneel en spreken gaat moeizaam.

Julia trekt zich terug met beide broers in de living.
Stilzwijgende blikken wisselen ze uit. Wie is de volgende? Hopelijk niemand meer in de nabije toekomst. De familiale-estafette mag even finishen. Ze nemen afscheid.
Beloften voor een volgend bezoek durft niemand meer doen.
„Hou ons op de hoogte, dag Julia."

Weer op de kamer.
Louis drinkt wat aardbeienmelk en verse aspergebouillon (zout!).
Wegens vochtgebrek begint hij meer op een Egyptische mummie te lijken. Zijn blik in zichzelf gekeerd, nadat Julia dan toch

de twijfel had weggenomen dat ze niet meer naar huis terug zouden keren.

De onzekerheden van de laatste jaren begonnen meer en meer plaats te maken voor één grote zekerheid.

Louis' dagen waren geteld.

Nacht.

355ml, 180 kcal.

Maandag, 16 mei 2022

5 uur.

Louis' kraan was van windrichting veranderd.
Het groene kraanlicht knipperde de kamer binnen.
Alsof Louis wachtte op groen licht, voor zijn laatste akte.

8 uur.

Routine.

Louis krijgt een mondspray. Anders kan hij niet meer slikken. Met een sponsje bevochtigt hij zijn lippen met ijswater en vraagt ook een ijszak om in zijn nek te leggen.

16 uur.

Yves, een vroegere schoolkameraad, komt binnen.
Hij kijkt naar het bed waarin Louis ligt en draait zich dan naar Julia. Oké, denkt hij, ik ben niet in de verkeerde kamer. Ze hadden elkaar acht jaar niet gezien. Yves probeert te spreken met Louis, Julia vertaalt.

Na vijftien minuten slaapt Louis. Julia neemt Yves mee naar de living.

Hij zal Louis niet meer zien.

Aardbeienmelk en vers sinaasappelsap.

700ml, 190 kcal.

Louis' schoonvader stuurt nog een bericht: „Past het dat we volgende maandag nog eens komen?"
„Voorlopig wel."

Nacht.

Dinsdag, 17 mei 2022

Routine.

Vandaag geen bezoek. Rustdag.

Louis drinkt op de ganse dag nog drie dingen: ijskoud bruiswater, filosofische kruidenthee en ... aardbeienmelk.

Hij voelt zich slecht.

'Avonds verzoekt hij Julia nog eens een foto te nemen van zijn tumor, zoals vroeger dagelijks gebeurde. Zijn verband was er even af, het is verschrikkelijk warm. Julia neemt de foto.
Louis bekijkt hem en zwijgt.

Hij aanvaardt zijn meerdere.

In stilte.

450ml, 70 kcal.

Woensdag, 18 mei 2022

Routine.

Louis stopt met zijn medicatie te nemen.

Om de tijd te doden, probeert Julia Grieks te studeren.
Uren gaan voorbij, buiten schijnt de zon.

Louis' gezicht is afgewend van Julia, ogenschijnlijk kijkt hij
naar zijn kraan.

20 uur.

Louis draait zich om.

„Maak mij dood. Ik wil dood."

Het komt zelfs niet bij Julia op hier tegenin te gaan, hoewel de
woorden als bakstenen op haar maag vallen.
De kogel is door de kerk.

Louis begint aan zijn laatste regie.

Julia spreekt tot Louis: „Ik heb al het mogelijke en onmogelijke
gedaan voor u, maar de gevangenis dat gaat me te ver. Zullen
we de verpleging bellen?"
„Ja."

Julia drukt het rode knopje in.

Martine komt binnen.
„Hallo, vertel het eens?"
Julia richt zich tot Martine: „Zet u even neer, hij wil iets vragen."
Louis legt zijn wens uit aan Martine.
„Oké," zegt Martine, alsof het een doodnormale vraag is.

„Ik zal u een voorbeeldbrief brengen."

Ze verdwijnt en verschijnt spoedig.
„Voilà, Louis. Ge schrijft eigenhandig deze tekst over op dit witte papier, ondertekenen en dan stuur ik hem vanavond nog door naar de dokter."

Martine en Julia verlaten samen de kamer. Dit moet hij alleen doen.
Ze gaan even buiten, frisse lucht ademen.
Martine begint voorzichtig tegen Julia, „Het is beter zo, waarschijnlijk."
„Ja, ik denk het ook," fluistert ze.

Het oproepalarm van Martine begint te loeien.
„We moeten terug, hij belt al."

Louis had alles overgeschreven.
Op het origineel.

„Spijtig Louis, maar het moet op een leeg papier geschreven worden (duidelijkheid, objectiviteit). Schrijf het nog eens over." … (retenue) …

Op dat moment komt verpleegster Greta binnen: „Er is nog bezoek voor jullie …"
Özman. (wat een timing …)

Martine, Julia en Özman verlaten de kamer en laten Louis alleen verder schrijven.
Özman en Julia trekken zich terug in de living. Ze laat zich vallen in zijn armen, een waterval van tranen vloeit er uit. Nog net op tijd zet Özman zijn twee kilogram watermeloen en een bakje aardbeien neer op tafel. Enkele minuten blijven ze stil staan, ook hij krijgt glazige ogen.

Totaal niet wetend wat er gaande is. Traag laat Julia hem los. Ze zetten zich. In een mengeling van Frans en Nederlands – Özmans derde taal is Frans – de andere twee spreekt Julia niet, legt ze uit wat Louis een half uur geleden heeft beslist.

Özman antwoordt haar: „Normaal ben ik daar geen voorstander van, moslim, maar in zijn geval kon hij geen betere keuze gemaakt hebben." En voegt hij er aan toe: „Louis heeft me verteld dat hij veel pijn heeft."

Ezel, koppige Louis.

Julia springt recht, vliegt naar de medische post en vraagt hen de morfinepomp te verhogen, informeert terloops of hij nog aan het schrijven is.

Enkele minuten later is hij klaar. Martine leest het verzoekschrift na, driemaal ondergetekende geschreven ... kwestie van zeker te zijn. Maar formeel aanvaardbaar. Doorsturen.

Özman en Julia begeven zich naar kamer 402. Özman spreekt een laatste maal met zijn beste vriend en bevestigt hem dat hij een juiste keuze heeft gemaakt.

„Dank u," zegt Louis en gaat slapen. Özman vertrekt. Julia verlaat het gebouw.

Ze zet zich neer op een steen, kijkt naar boven en naar beneden. Er daalt een soort rust over haar neer. Ze neemt haar mobiele telefoon en stuurt het eerste bericht de wereld in.

Aan Lea, twee jaar een vaste waarde in hun leven.

„Hij heeft zojuist zijn ‚brief' geschreven en komt niet meer terug. Slaap wel, Julia."

Professioneel antwoord van Lea: „Goed, ik zal het aan Serge laten weten."

Dossier thuisverpleging gesloten.

Een kort bericht naar Griekenland.

Na een half uur zuurstof ingezogen te hebben, trekt Julia naar boven.

Louis kijkt haar indringend aan, „Gij hebt mij nooit pijn gedaan ...”
Meer tranen.
Ze houden elkaar vast, voor zover mogelijk, zonder breuken te veroorzaken.

De nacht viel.
Julia zet de watermeloen en de aardbeien in de koelkast in de keuken.

Louis slaapt als een lam, Julia niet meer.

350ml, 90 kcal.

Donderdag, 19 mei 2022

Routine.

Louis waggelt naar het toilet geflankeerd door Julia.
Urine, stoelgang ... vanwaar kan het nog komen? Mictie oké. Hij keert op zijn schreden terug en gaat slapen.

Julia begeeft zich naar de keuken, een halve watermeloen en aardbeien in de sap-persmachine, Louis is er voorlopig nog.
De andere halve watermeloen voor de verpleging.

In tussentijd glipt dr. Van de Velde Louis' kamer binnen, trouw gevolgd door haar schaduw.
Geen twee minuten later is ze weer weg.

Julia stapt de kamer in.
Louis is in alle staten: „Wat is dat hier voor een spelletje, ik wil een dokter spreken!”

Ze drukt op het rode knopje, de verpleegster komt er aan. „Ik wil een dokter spreken, nu," probeert Louis uit te schreeuwen.

Onmiddellijk verschijnt dr. Van de Velde weer ten tonele.
„Dag Louis, dag mevrouw."
Louis grijpt haar hand vast en trekt de dokter bijna mee in zijn bed: „IK WIL DOOD."
Dr. Van de Velde bevrijdt zich uit zijn greep en zet zich neer.
Julia vraagt haar of ze buiten moet gaan.
„Neen, nu niet. Anders vraag ik het u wel."
De dokter wendt zich naar Louis: „U wilt dus sterven, Louis. Blijkbaar hebt u daar goed over nagedacht want u hebt het ook opgeschreven. Dat is niet gemakkelijk."
„Het is héél gemakkelijk."
„Het blijft altijd moeilijk ... maar ik heb genoeg empathie om u te begrijpen. Jullie hebben dit samen al lang doorgepraat?" zich even tot Julia richtend.
„Ja ...," antwoordt deze met tranen in de ogen en draait zich om naar het raam.
„Want ik moet hier wel duidelijkheid over hebben."
Julia keert zich terug naar de dokter: „Duidelijkheid wordt me weleens verweten, daar kan ik mee leven. Wat kan er nog af gaan, pak hem maar eens op!"
Rustig gaat dr. Van de Velde verder: „Wij verwachten een natuurlijk overlijden binnen dit en zes weken."
Julia staart haar met opengesperde ogen aan: „Nog zes weken ..."
Louis onderbreekt hen, „IK WIL DOOD, NU."
Dr. Van de Velde vervolgt haar uiteenzetting ogenschijnlijk onbewogen: „Louis, nu, dat gaat niet. Er moeten twee dokters onafhankelijk met u hierover spreken, één ervan ben ik zelf. Ik zal aan één van mijn collega's vragen om uw dossier in te kijken, en later met u te komen praten. Ook moet ik de materialen aanvragen om de euthanasie te kunnen uitvoeren. Ik doe dit niet op mijn verjaardag, in een weekend of op een feestdag."
Julia informeert laconiek, „Is het uw verjaardag vandaag?"

„Neen, maar voor het weekend gaat dit niet lukken. Het is nu donderdag, ik kom morgen terug."

Louis kijkt haar aan. „Dank u."

Het ziet er naar uit dat zijn aanvraag goedgekeurd zal worden. Louis gaat slapen.

Julia begint na te denken.
Voor het weekend niet, maar misschien wel er na ...
Stel, het gebeurt maandag, dan moet er nog wel wat geregeld worden ...
Ze begint alvast met de frigo in de keuken op te ruimen.
Een verpleegster passeert. „En, gaat het?"
„Het is dubbel, maar waarschijnlijk niet lang meer."

Ze gaat terug naar de kamer, pakt al wat spullen in, het onafwendbare staat voor de poort ...

Morgen leven ze zes weken op de afdeling, de kamer staat vol met hun persoonlijke bagage. Anderhalve maand hebben ze daar gewoond, de nomaden van de wereld, gevangen in een cel.
Het wordt tijd voor de volgende vlucht.
Twee verschillende vliegtuigen deze keer.

Louis blijft slapen.
Zijn werk zit erop.

Julia gaat even buiten, wandelen.

Avond.

Louis wordt wakker. „Julia, kom hier bij mij zitten."
Ze overleggen onder andere over hun twee huisjes die beiden nog niet afgewerkt zijn.
„Gij doet wat ge wilt, Bol," spreekt Louis zijn bevrijdende woorden tot zijn zielsverwante.

„Oké, vos, dank u."

Vroeger noemde ze hem leeuw, nu lijkt hij meer op een vos.

Vrijdag, 20 mei 2022

Routine.

9 uur.

Dr. Van de Velde treedt de kamer binnen. „Goedemorgen Louis, mevrouw."

Louis wacht geen seconde. „Ik wil dood, nu."
„Mijn collega zal proberen vandaag nog langs te komen, Louis. Is er nog iets dat ik voor u kan doen? Een laatste wens voor een speciale maaltijd?"

Julia lacht en bekijkt de dokter. „Is dat een grap?"

„Nee, ik wil dood."

Dr. Van de Velde neemt afscheid en beschikt.

Louis gaat slapen.

Julia ruimt verder op.
Ze legt kleren klaar voor Louis' laatste grote reis.
Inter-kosmonaal.
Een halve houten wasspeld steekt ze in zijn broekzak.
Overal had hij altijd houten correctiestukjes liggen.
Niemand weet waar hij nu naar toe gaat; het is waarschijnlijk nuttig een stukje hout bij de hand te hebben.

In de keuken de laatste dingen verwijderen.

Plotseling staat Rosita in de deuropening.

Julia kijkt haar met vermoeide ogen aan. „Je bent bijna van ons verlost; de moeilijkste bewoners die hier ooit geweest zijn ..."

„Jij bent niet moeilijk, je hebt gewoon een eigen stijl."

Julia staart haar aan en voelt een diepe dankbaarheid in zich opkomen; deze woorden zullen haar altijd bijblijven.

En wie haar stijl niet kan verdragen, spijtig, er zijn genoeg mensen in de wereld.

„Dank u."

18.30 uur.

Kamer 402

Klop. Klop.

Een onbekende vrouwelijke dokter treedt nader.

„Mijn collega dr. Van de Velde heeft me verzocht om met u te praten."

Louis is ogenblikkelijk klaarwakker.

Zijn laatste engel is vlug gekomen.

„Ik wil dood."

„Ja Louis, ik heb uw dossier gelezen, dat kan ik begrijpen. Hebt u een goed leven gehad?"

„Jawel, 't is op. Kapot. Spijtig."

„Wat heb je zoal gedaan, Louis?"

„Ik ben burgerlijk ingenieur toegepaste regeltechnieken en elektronica. Bol, vertel verder ..."

Julia vervolgt, „Alle fruit- en groenteveilingen in België ..." Louis neemt terug over: „De grootste natte doorstroomkoeling ter wereld."

Julia gaat verder: „Hartoperatiekwartier en recovery, alle technieken, Gasthuisberg plan 2000, watervoorziening in Sumatra – Indonesië."

124

„Goed Louis, u hebt een rijk leven gehad. Ik zal mijn collega op de hoogte stellen van ons gesprek."
„Wanneer?"
„In de loop van volgende week zal het wel mogelijk zijn."
„Maandag?"
„Misschien."

„Dank u."

Louis is gerustgesteld en gaat slapen.

Julia stuurt een bericht naar de huisarts.
Deze was natuurlijk al op de hoogte van de laatste ontwikkelingen. Ze bedankt hem voor alles in naam van hun beiden, vooral omdat hij met Louis kon communiceren wat niet iedereen gegeven is. Dr. Dirk antwoordt haar welgemeend dat hij respect heeft voor Louis omdat hij een zo moeilijke beslissing kan nemen.
„Afscheid nemen is altijd moeilijk, maar men is er pas niet meer als niemand nog aan je denkt."

Dossier gesloten.
Maar als mens blijft dr. Dirk altijd paraat.

's Nachts kan Julia de slaap niet vatten. Ze gaat bij Marianne in de verpleegpost zitten.
„Wat moet er nog gebeuren?"
„Je kan misschien de begrafenisondernemer al eens contacteren?"

Praktisch en onoverkomelijk.

„Goed, ik zal hem morgen bellen."
„Misschien sterft hij vanzelf nog voor volgende week ..."

Dat was buiten Louis gerekend.
Het is zijn regie, daar komt zelfs de natuur niet tussen. Hij had een bestelling geplaatst en die zou hij ontvangen.

Consequent als altijd.

„Een natuurlijke dood is voor mensen; ik ben geen mens," zei hij vroeger in zijn gloriedagen.

Helaas, hier vergiste hij zich.

Hij is een mens, een groot mens, dus sterfelijk.

Zaterdag, 21 mei 2022

Weekend. Routine.

Julia gaat een laatste maal naar huis en terug.

Ze neemt al twee gevulde tassen mee. Nadat ze van de trein gestapt is, zet ze zich op een steen en neemt contact op met de begrafenisondernemer. Na dit korte gesprek fietst ze door naar ,haar' huis. Een idee was in haar hoofd binnengeslopen. Er was te veel gebeurd in die zes weken om zomaar te vergeten.

Ooit, in een ander leven, was ze kunstenaar geweest. Ze neemt één van haar schilderijen van de muur, een gesloten snavel van een kip in macro.

,Zwijgen'.

Terug op de afdeling.

Louis was al ongerust dat ze niet meer terugkwam.

Julia zet het schilderij in de relaxzetel en belt de verpleegster.

Rosita komt binnen. „Wat is er?"

„Louis en ik willen u iets overhandigen, voor het ganse team, uit dank voor deze zes mooie weken."

Julia neemt het schilderij en geeft het aan Rosita.

Voor één keer zwijgt deze.

Bijna sprakeloos: „Dank u wel."

Avond.

Louis is klaarwakker, maar allesbehalve helder.
Er zit precies een kortsluiting in zijn draden.
Hij vraagt aan Julia drie cd-schijven, die waren nog juist aanwezig. Vervolgens een kom met ijsblokken en een handdoek.
Louis trekt zich op aan zijn papegaai en aanschouwt zijn gevraagde
attributen. Hij begint met een ijsblok over de cd-schijven te wrij-
ven, wikkelt deze vervolgens één voor één in de handdoek. Daarop
geeft hij volgende geschreven uitleg, spreken ging niet meer goed:

CD's 3 st?

CD leesbril onder

ijs water // 1 één min

onder ijs water

op ijs //

_ _ _ _ _ _ _ _ _ _ _ _
3 versies?

KOELEN VERHOOGT
SNEL HOOGT
SPELEN SNELHEID CD"

Julia zal er de rest van haar dagen haar hoofd over breken, is
het waar of waan: ze verstaat er niets van.

„Louis, ik begrijp u niet."
Deze slaakt kreten van frustratie.
Hier stopt de communicatie.
Taal op.

Even later deelt Julia Louis mee: „Ik denk er over, zodra het mogelijk is, terug te keren naar Kreta, ik zal u (zijn as) meenemen ..."

„Nu word ik rustig." En de slaap valt over Louis.

Julia gaat bij verpleegster Marianne zitten en stelt haar op de hoogte dat de begrafenisondernemer gecontacteerd is.

Zondag, 22 mei 2022

Routine.

Een extra border op zijn graatmagere rug.

Louis vraagt aan Rosita wanneer ze ,het' nu gaan doen. Morgen? „Ik neem maandagochtend om 9 uur contact op met dr. Van de Velde," antwoordt ze.

Louis kijkt haar recht in de ogen met zijn blinkende vossenoogjes, „Niet liegen, hé!"
„Ik lieg niet, Louis."

Julia komt ertussen met vermoeide stem: „Als ze niet komt, dan ga ik haar zoeken, ik ben ook maar een mens ..."
„Ik zorg ervoor dat ze komt."

Julia ruimt Louis' nachttafeltje op, maakt de lade leeg en laat er alleen zijn identiteitskaart in liggen. (In Louis' eigen woorden „mijn lidkaart van België"; zijn identiteit was van hem en binnenkort van de kosmos).
In de grote kast staat nog een doosje met twee eieren. Julia vraagt Louis of ze die even mag klaarmaken in de keuken.

Louis roept haar toe: „Gij eet!"

In de keuken staat Rosita.
Julia vraagt haar hoe dat morgen nu juist in zijn werk gaat en deelt haar mee wat zij wil dat er gebeurt.

Avond.

Louis slaapt met open ogen.

Julia verlaat het vagevuur om frisse lucht te scheppen.
Op de binnenplaats verwittigt ze haar vader.
„Je mag morgen komen, maar 't zal niet meer voor Louis zijn."
Ze legt de situatie uit. Tranen.
„Laat maar weten wanneer. Ik annuleer al mijn afspraken."
„Oké, dank u."

Ze zet zich op een bank in de donkere nacht en staart in het niets.
Een stem roept haar. Ze draait zich om. Oef, het is God niet,
maar verpleegster Mia.
„Dag Julia. ‚Het' zal morgen wel gebeuren. Misschien zie ik u niet
meer. Ik vrees dat je in een zwart gat zult vallen, na al die tijd ..."
„Ik denk het niet. Alles was goed. Ons geweten is zuiver."
Ze nemen afscheid. Julia bedankt Mia en klimt terug naar bo-
ven via de trap.

Louis zit wakker in zijn bed.
Hij steekt zijn hand uit naar haar en zegt: „Ik hou van u."

Louis in tranen.

Julia gaat dichterbij.

Zet zich neer op zijn bed en legt haar hoofd op zijn borstkastje.
„Ik hou ook van u."

De nacht valt.

Zwaar.

Maandag, 23 mei 2022

8 uur.

Julia en Louis zijn wakker.
De dag van de waarheid.

Ze masseert zijn beentjes nog een laatste maal met rozemarijnolie, geeft hem ijswater om zich te wassen en als het gaat om te drinken.
„Louis, ik heb ook nog ijskoude saffraan-melk."
„Ja, dat wil ik wel." Hij neemt er wonderbaarlijk twee slokjes van.
Julia zet alle bagage aan de voordeur.

9 uur.

Rosita komt de kamer binnen.

„En?"

„Ik ga de dokter bellen, nu."

Tien minuten later.

„Dr. Van de Velde heeft haar vergadering stilgelegd. Binnen tien minuten is ze hier. Ik laat u nog even alleen met uw vrouw ..."

Terwijl Rosita nog aan zijn bed stond, draait Louis zich naar Julia.
„Is 't goed?"
„Natuurlijk is het goed."

Rosita verdwijnt.

Tien minuten.

Veel wordt er niet gezegd, alles is uitgesproken.

Louis wacht.

De deur opent zich.

Dr. Van de Velde.

De koningin der dokters.

Vibraties hangen in de lucht.

‚Het' ritueel is begonnen.

„Dag Louis, mevrouw. Ik heb mijn vergadering stilgelegd omdat ik dringender zaken te doen heb. Mevrouw, wilt u nu even wachten in de living, ik wens Louis alleen te spreken."

Julia verlaat de kamer.

In de living zet ze zich in een zwarte zetel.

Tien minuten later.

Dr. Van de Velde schrijdt door de gang.

Julia krijgt een korte briefing.

De dokter eindigt haar uitleg met de woorden: „Soms ween ik ook."
Hierop zegt Julia: „We gaan het doen, nu."

Beiden staan recht.

Julia wandelt naar kamer 402.
De dokter houdt halt aan de medische post.

Julia gaat naar binnen.

Louis is reeds aangekoppeld, via zijn hemelpoortkatheter.
Aan de opstelling die zijn verlossing bevat.

Rosita staat achter het bed, Julia zet zich neer aan de linkse
hand van Louis, die ze vastneemt.

Louis' laatste woorden gaan naar Rosita: „Bedankt dat je niet
gelogen hebt ..."

Hij legt zich klaar, met open ogen.
En beweegt niet meer.

Dr. Van de Velde neemt haar positie in, aan de rechtse pols van
Louis die ze in de hare legt.

Ze wendt haar hoofd naar Julia: „Wil je hem nog een laatste
kusje geven?"

Julia kijkt recht in de ogen van Louis: „Nee."
Hij was al ingecheckt.

Met open ogen kijkt hij naar binnen ...

Drie schikgodinnen rond zijn bed.

Hij bevond zich al in Griekenland.

Deze vlucht mist Louis niet.

Het raam staat open ...

Dr. Van de Velde knipt de draad door.

Tien minuten later.

„Mag ik u nu verzoeken de kamer te verlaten?"

DANKWOORD

Mijn dank gaat uit naar alle medisch personeel en dokters van de provincie Brabant en Kreta; Jef en Lie voor hun onschatbare steun; Gibbe, altijd paraat; Cetin, de mediterraanse warmte; Charles en Carla, correctie van het verleden; Oma, bedankt om te wachten (ze is Louis vlug gevolgd); Sunita, de Nepalese rots in de branding; Petros en Michaelis, de Griekse relativiteit; Veerle en Geert, de empathie en linguïstische ondersteuning en alle anderen die er waren in tijden van corona en kanker ...

HERZ FÜR AUTOREN A HEART FOR AUTHORS À L'ÉCOUTE DES AUTEURS MIA ΚΑΡΔΙΑ ΓΙΑ ΣΥΓΓ
ARTA FÖR FÖRFATTARE UN CORAZÓN POR LOS AUTORES YAZARLARIMIZA GÖNÜL VERELIM SZÍ
RE PER AUTORI ET HJERTE FOR FORFATTERE EEN HART VOOR SCHRIJVERS TEMOS OS AUTO
ZÓINKÉRT SERCE DLA AUTORÓW EIN HERZ FÜR AUTOREN A HEART FOR AUTHORS À L'ÉCOU
AÇÃO ВСЕЙ ДУШОЙ К АВТОРАМ ETT HJÄRTA FÖR FÖRFATTARE Á LA ESCUCHA DE LOS AUTOR
EURS MIA ΚΑΡΔΙΑ ΓΙΑ ΣΥΓΓΡΑΦΕΙΣ UN CUORE PER AUTORI ET HJERTE FOR FORFATTERE EEN
ARLARIMI VE ERZÓINKÉRT SERCE DLA AUTORÓW EIN HERZ FÜ
OR SCHRI MOS ORAÇÃO ВСЕЙ ДУШОЙ К АВТОРАМ ETT HJÄRTA FÖ

De auteur

Marleen Petré is geboren in 1976 te Borgerhout
in België. Ze volgde uiteenlopende opleidingen,
Latijn-wiskunde, schilderkunst aan de Academie
voor Schone Kunsten te Leuven, horeca en
is momenteel bezig met een opleiding tot
Zorgkundige. Professioneel kan ze bogen op een
twintigtal exposities in België en Griekenland,
een eigen jazz-en-bluescafé Bluesette met
optredens en poëzievoorstellingen. Eveneens
was ze verschillende jaren actief als chef-kok.
Met haar toenmalige partner maakte Marleen
intercontinentale reizen. Haar favoriete activiteiten
zijn schilderen, lezen, wandelen en koken. Marleen
omschrijft zichzelf als een ,polyvalent met eigen
stijl'. Haar boek Kunsttranen is haar debuut als
schrijver. Wellicht volgt er in de toekomst nog
meer van haar hand. Sinds het overlijden van haar
partner is Marleen alleenstaand. Ze heeft geen
kinderen en woont in Vlaams-Brabant.

De uitgeverij

Wie ophoudt beter te worden is opgehouden goed te zijn!

Op basis van dit motto zoekt uitgeverij novum steeds nieuwe manuscripten! Ondertussen zijn wij in Nederland, Duitsland, Oostenrijk en Zwitserland dé specialist voor nieuwe auteurs.

Elk manuscript dat wij ontvangen wordt gratis door onze redactie beoordeeld.

Meer informatie over onze uitgeverij en over onze boeken kunt u op online vinden onder:

w w w . n o v u m p u b l i s h i n g . n l